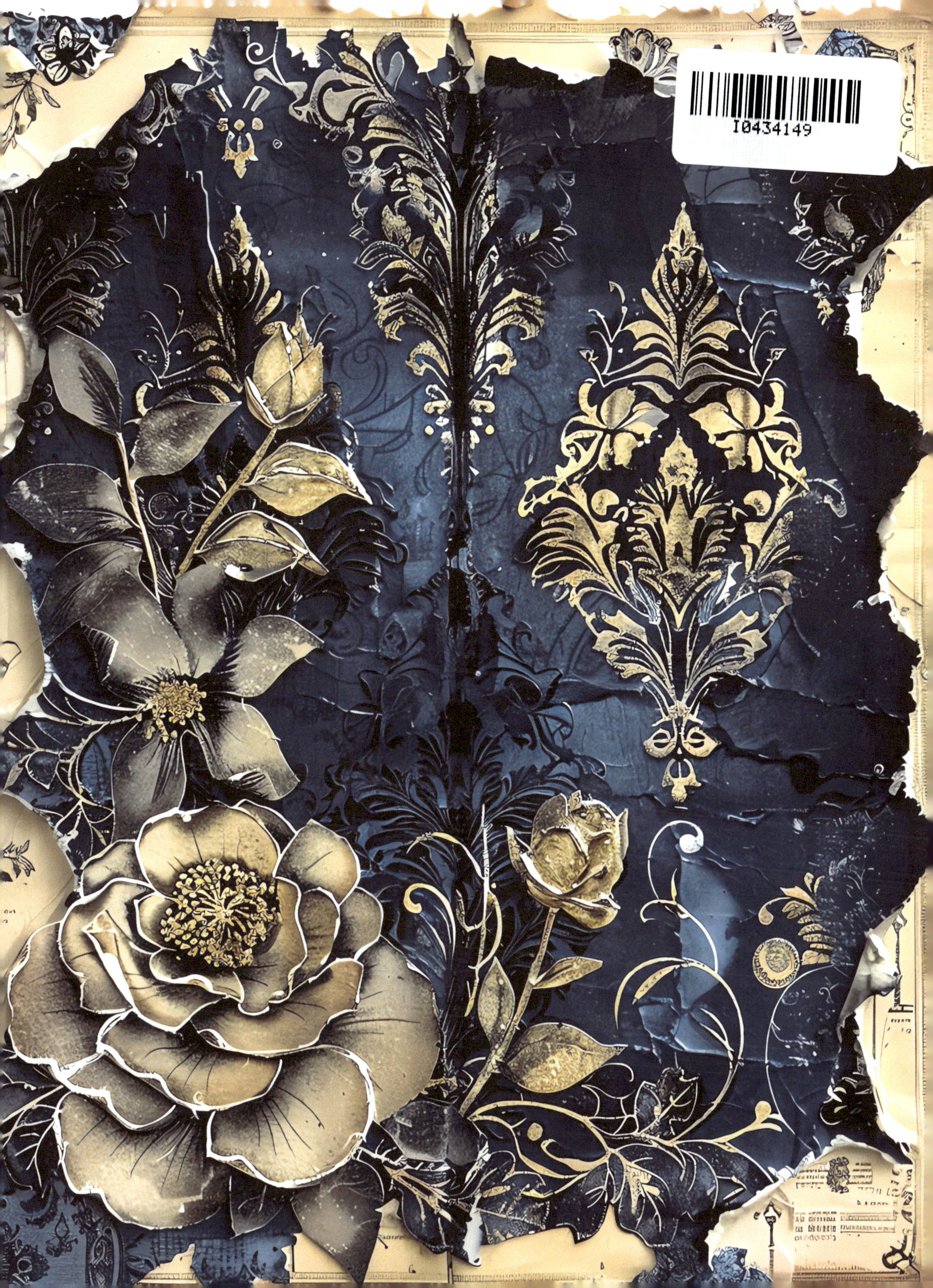

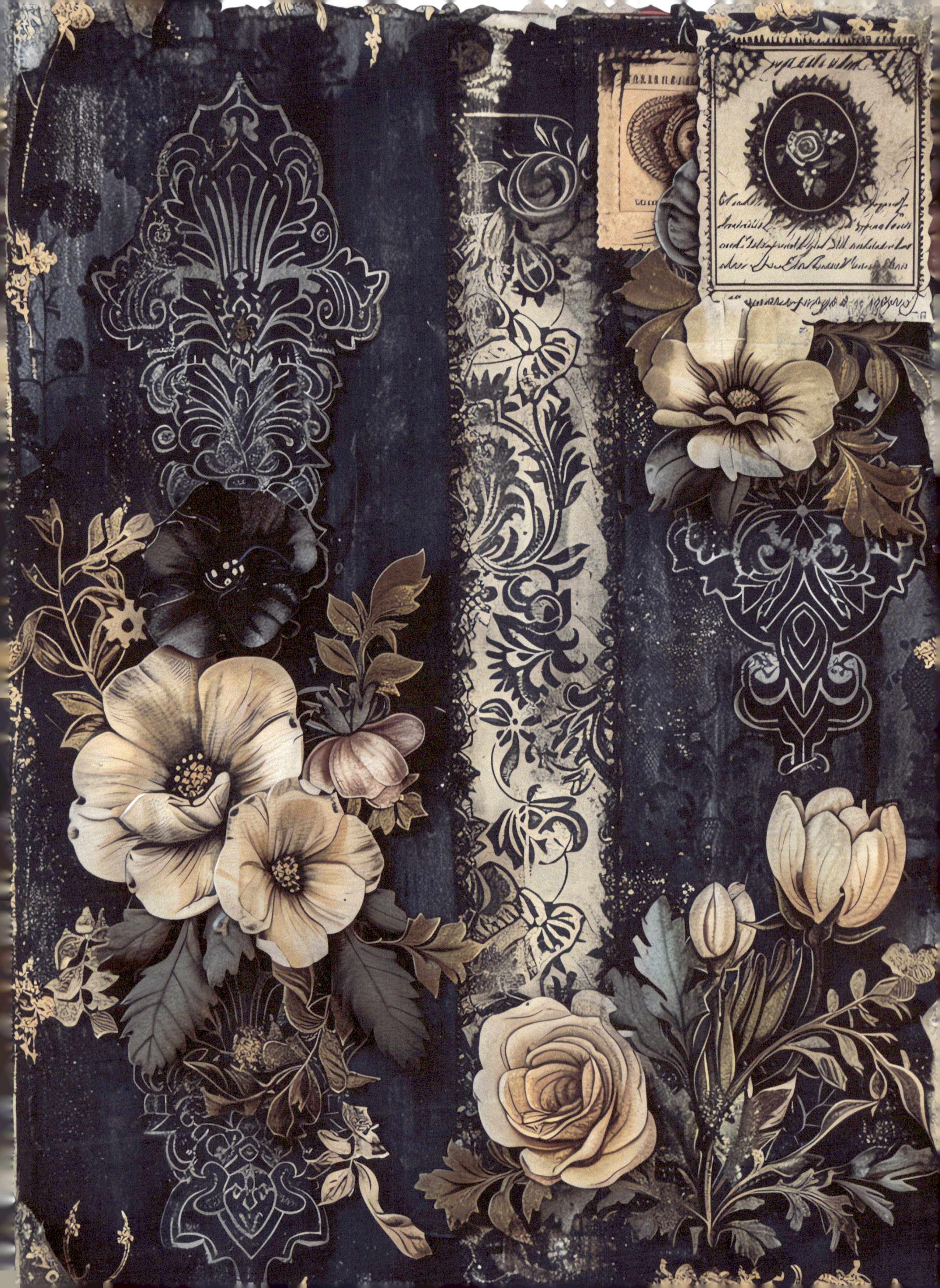

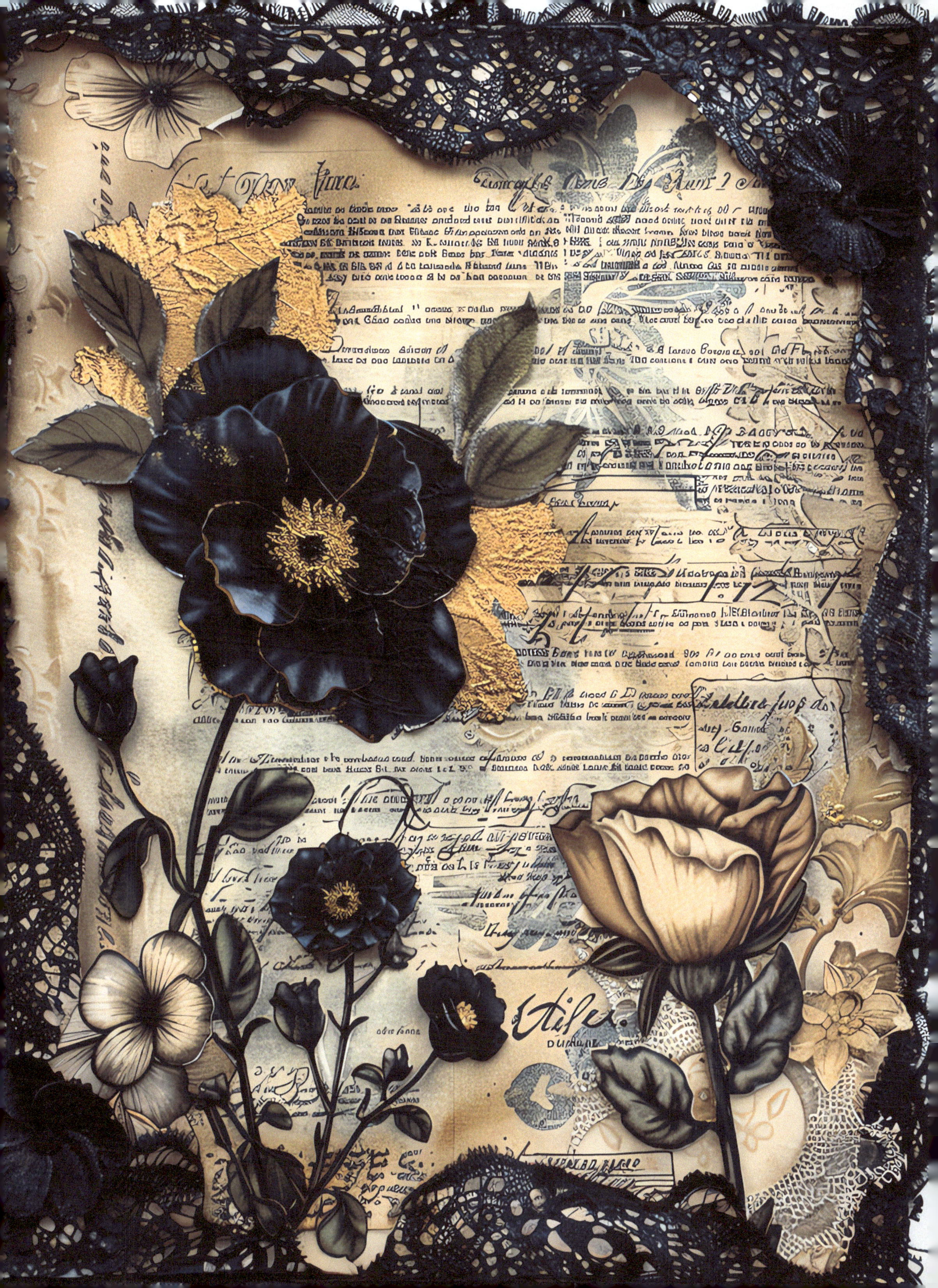

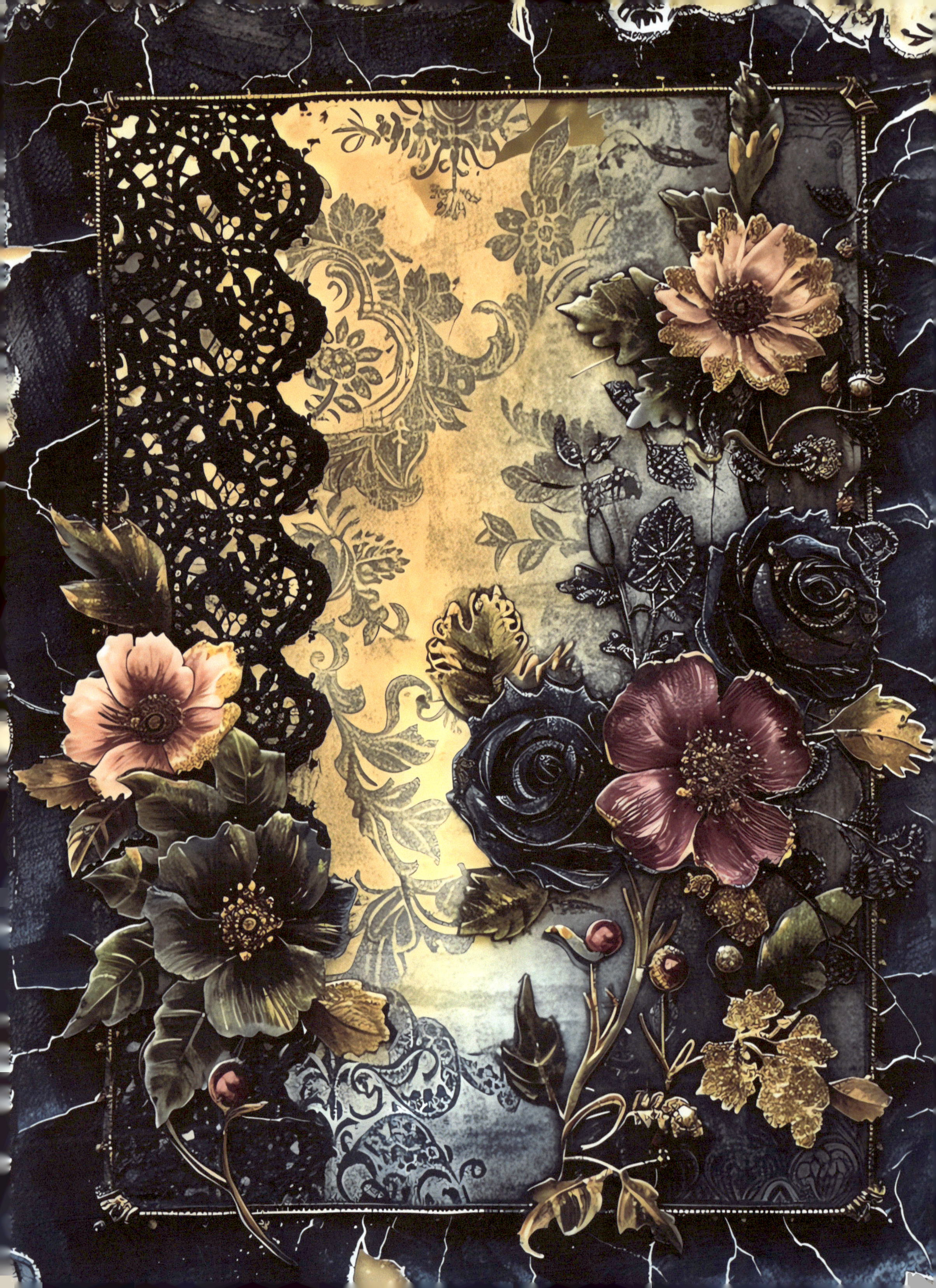

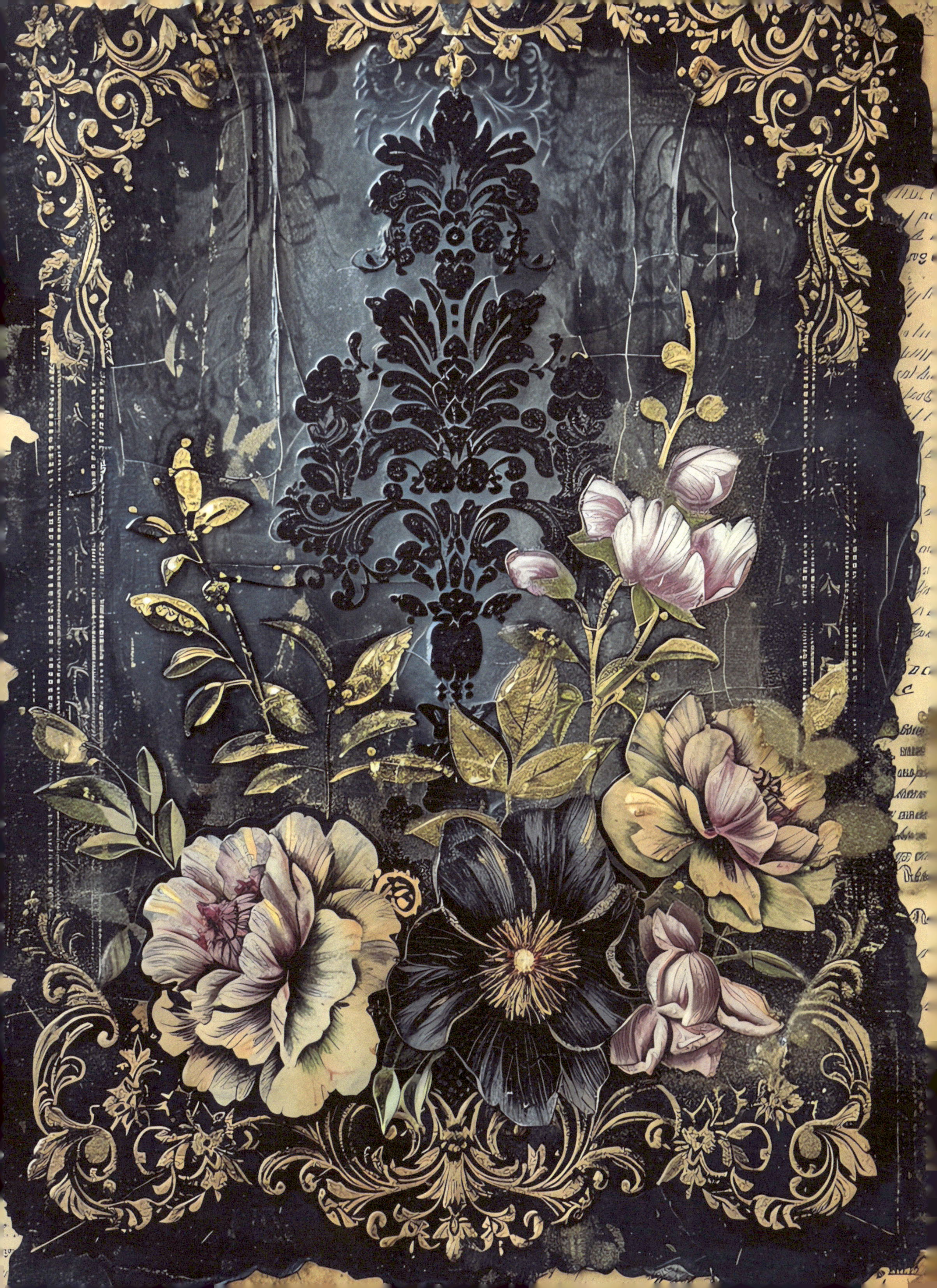

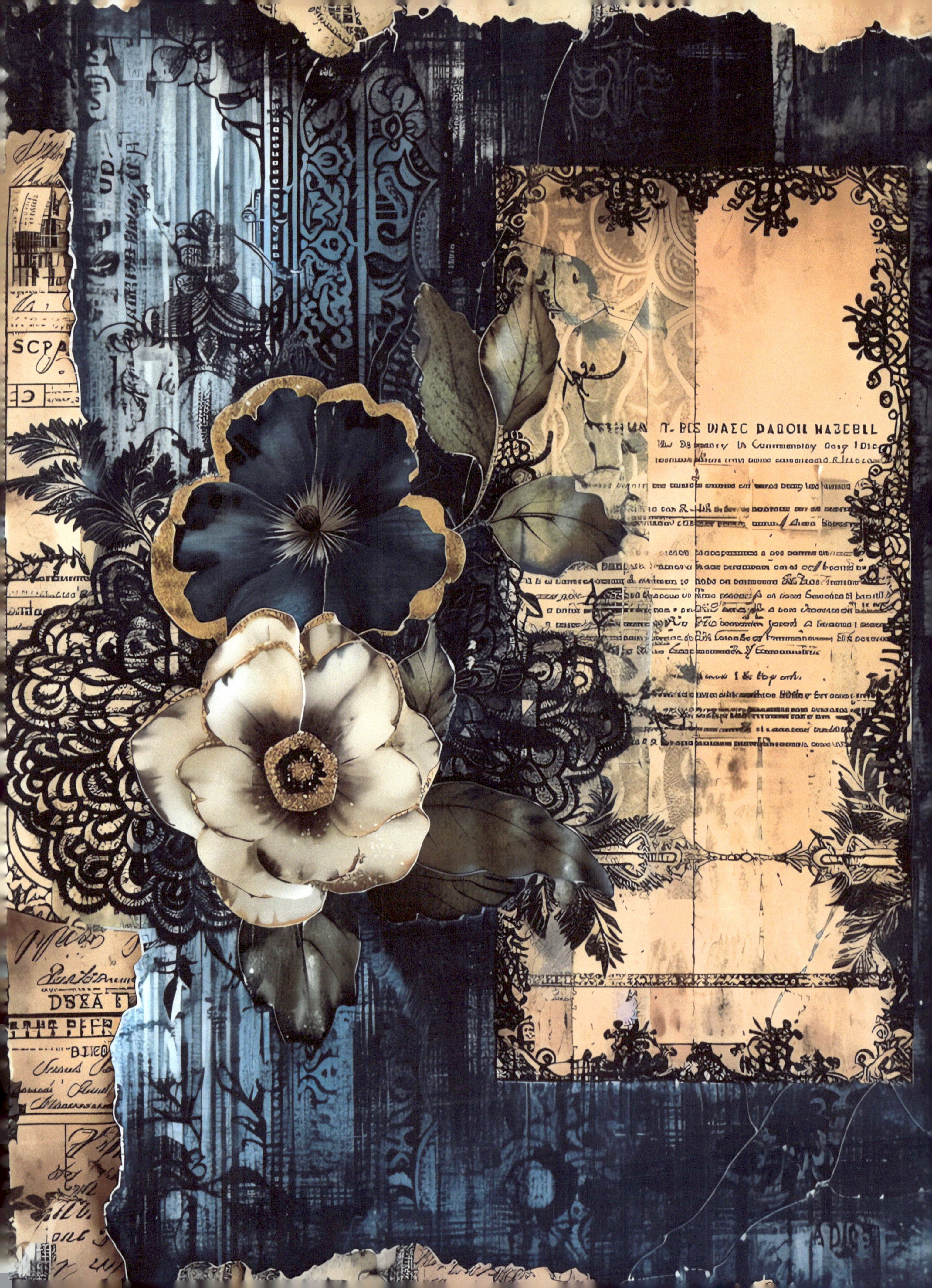

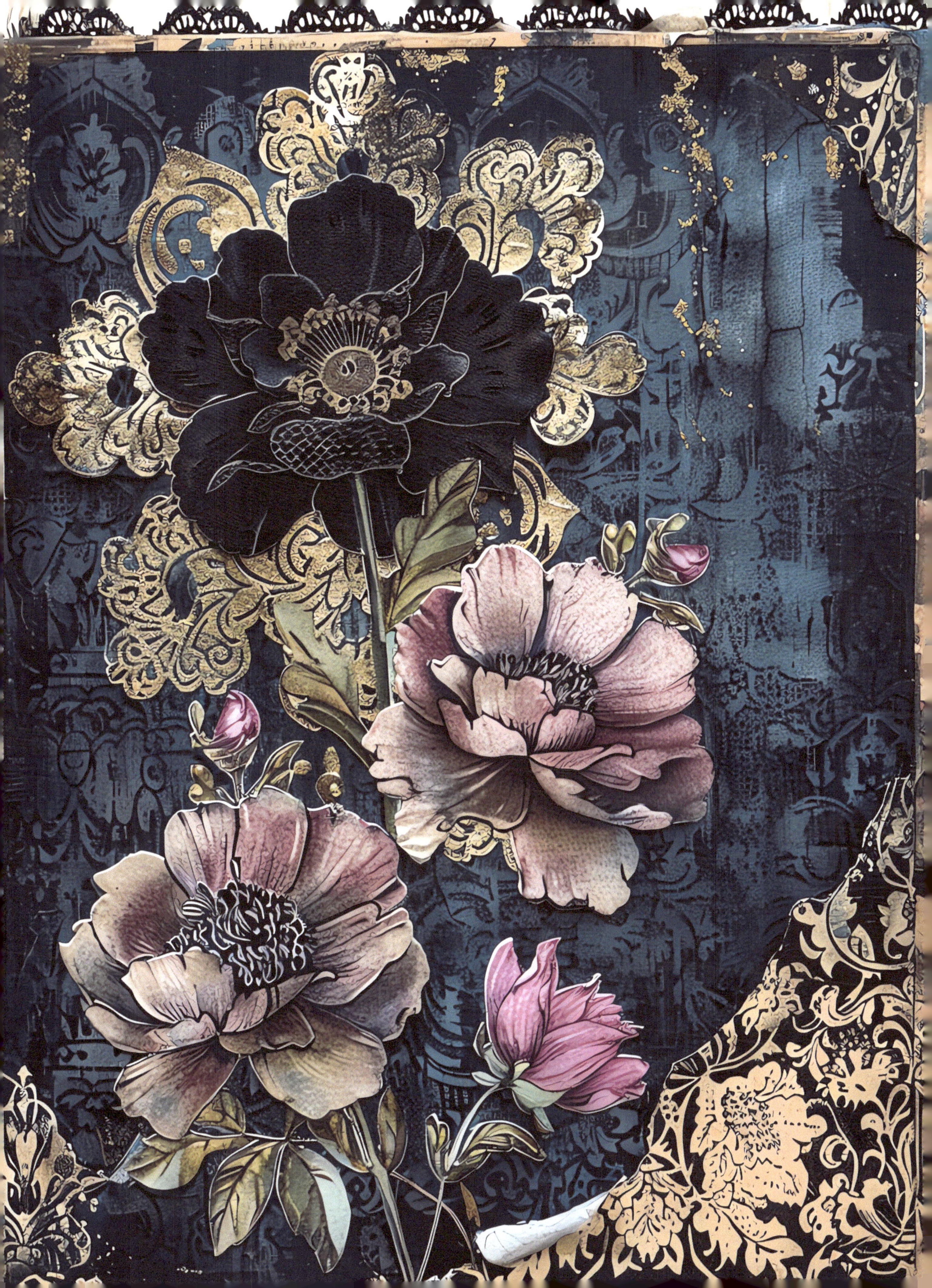

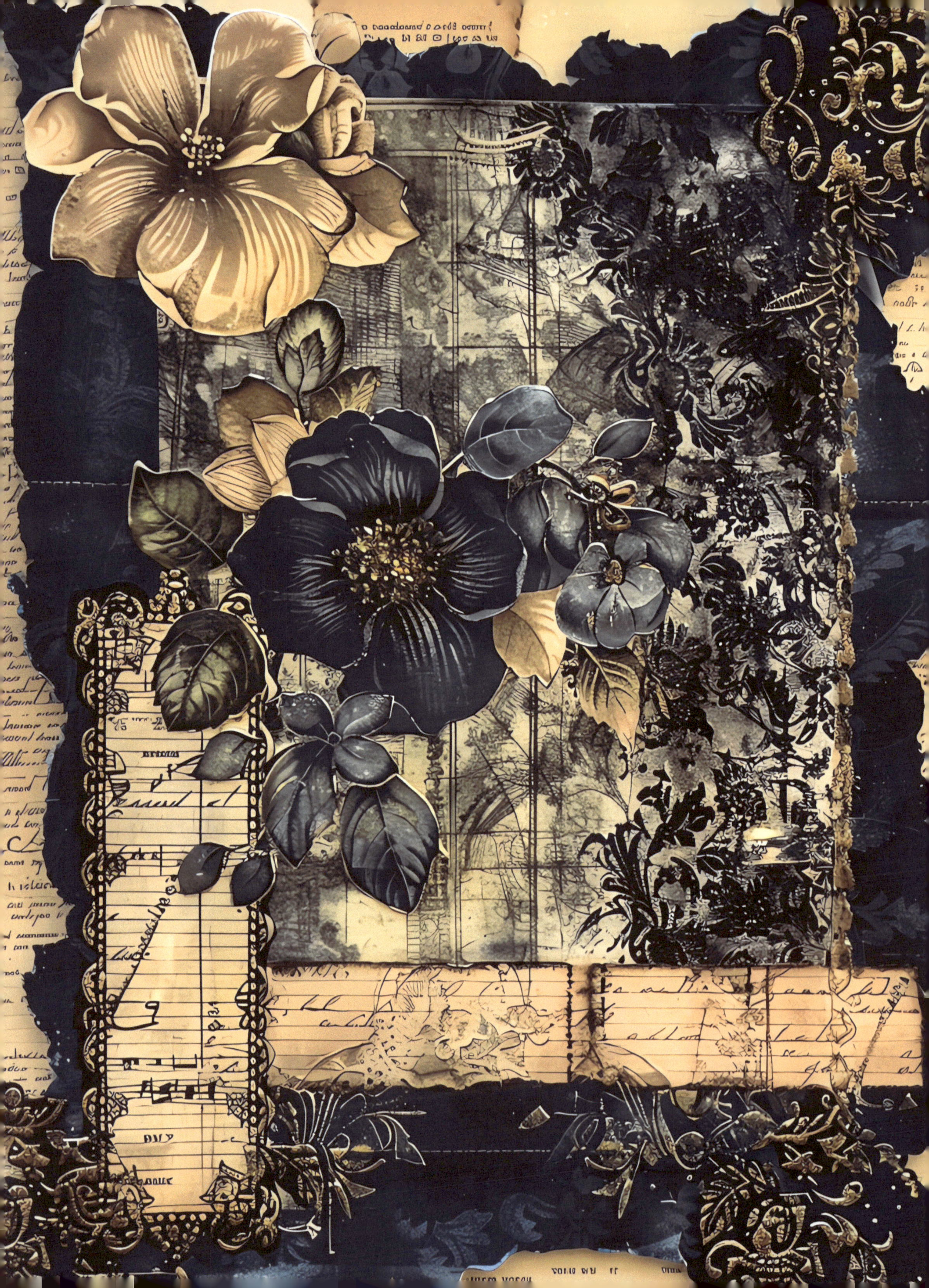

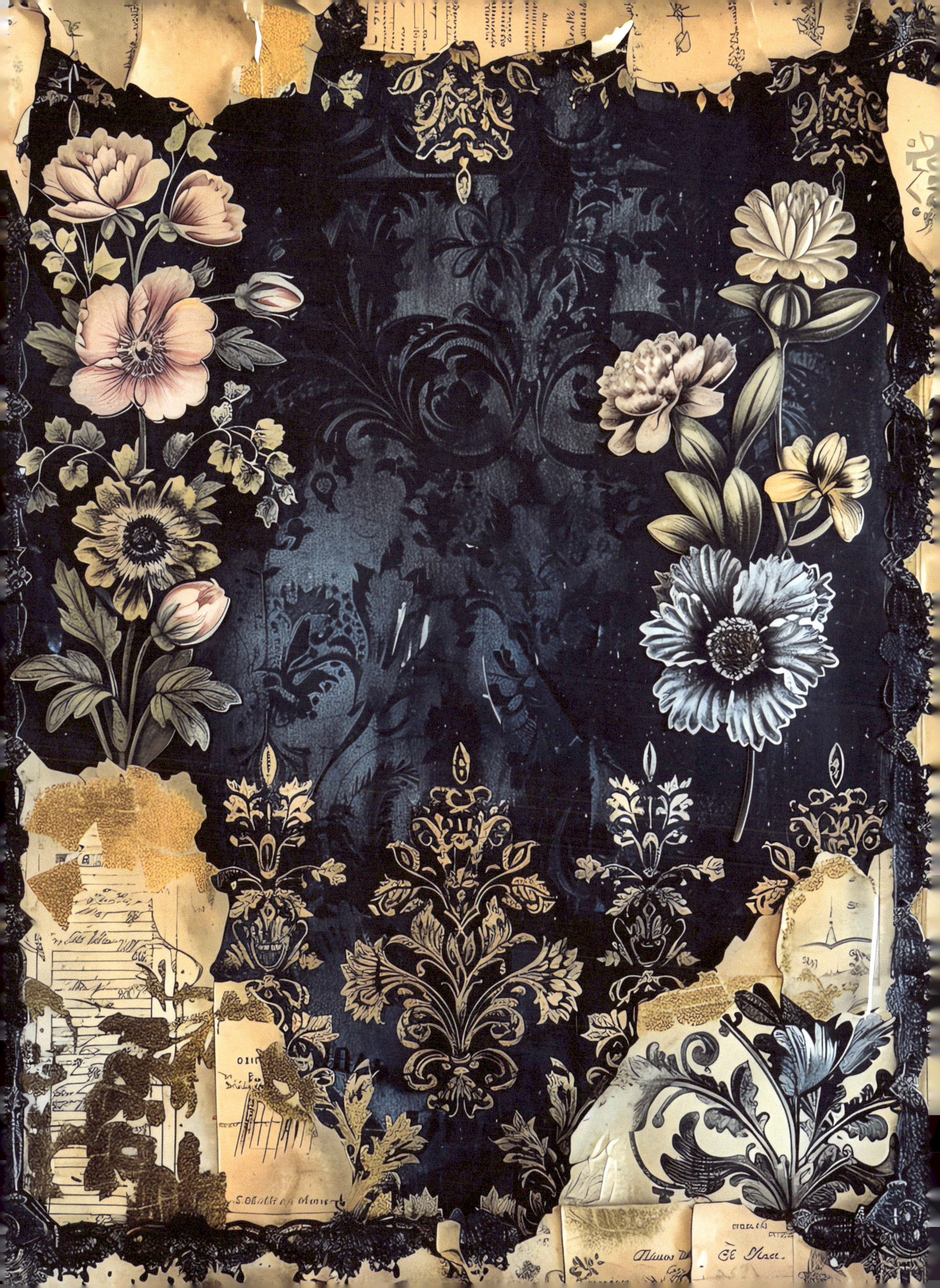

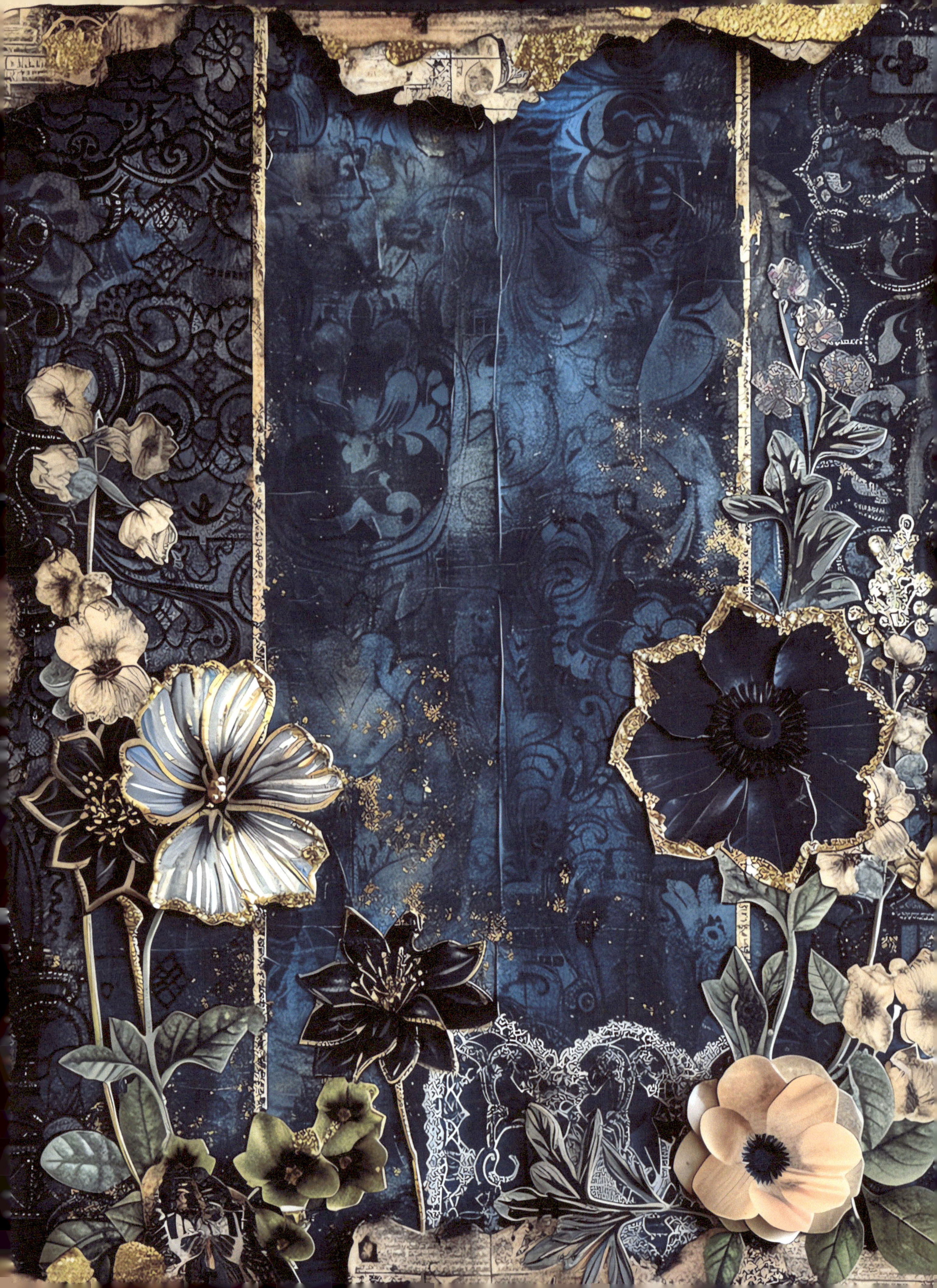

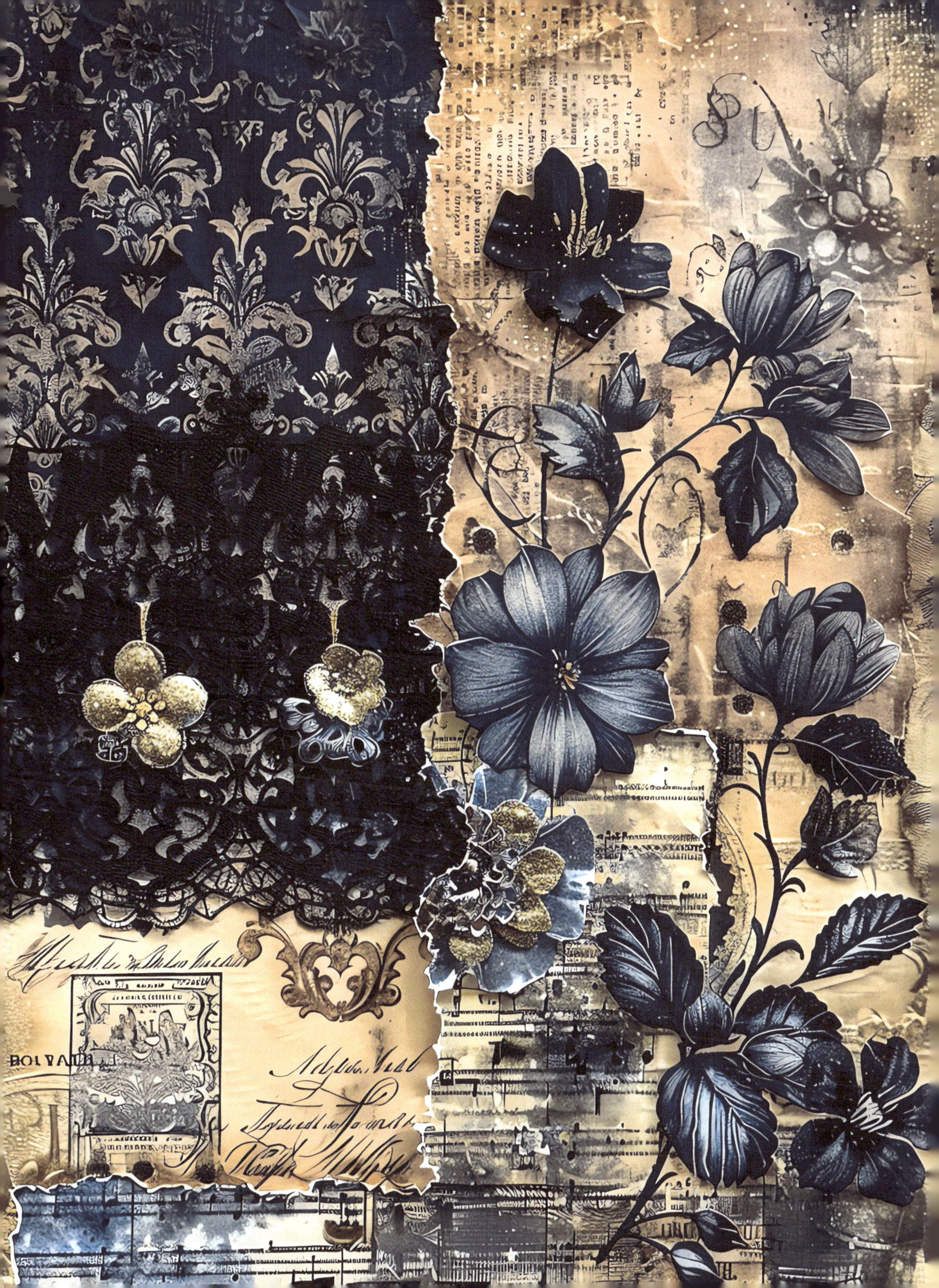

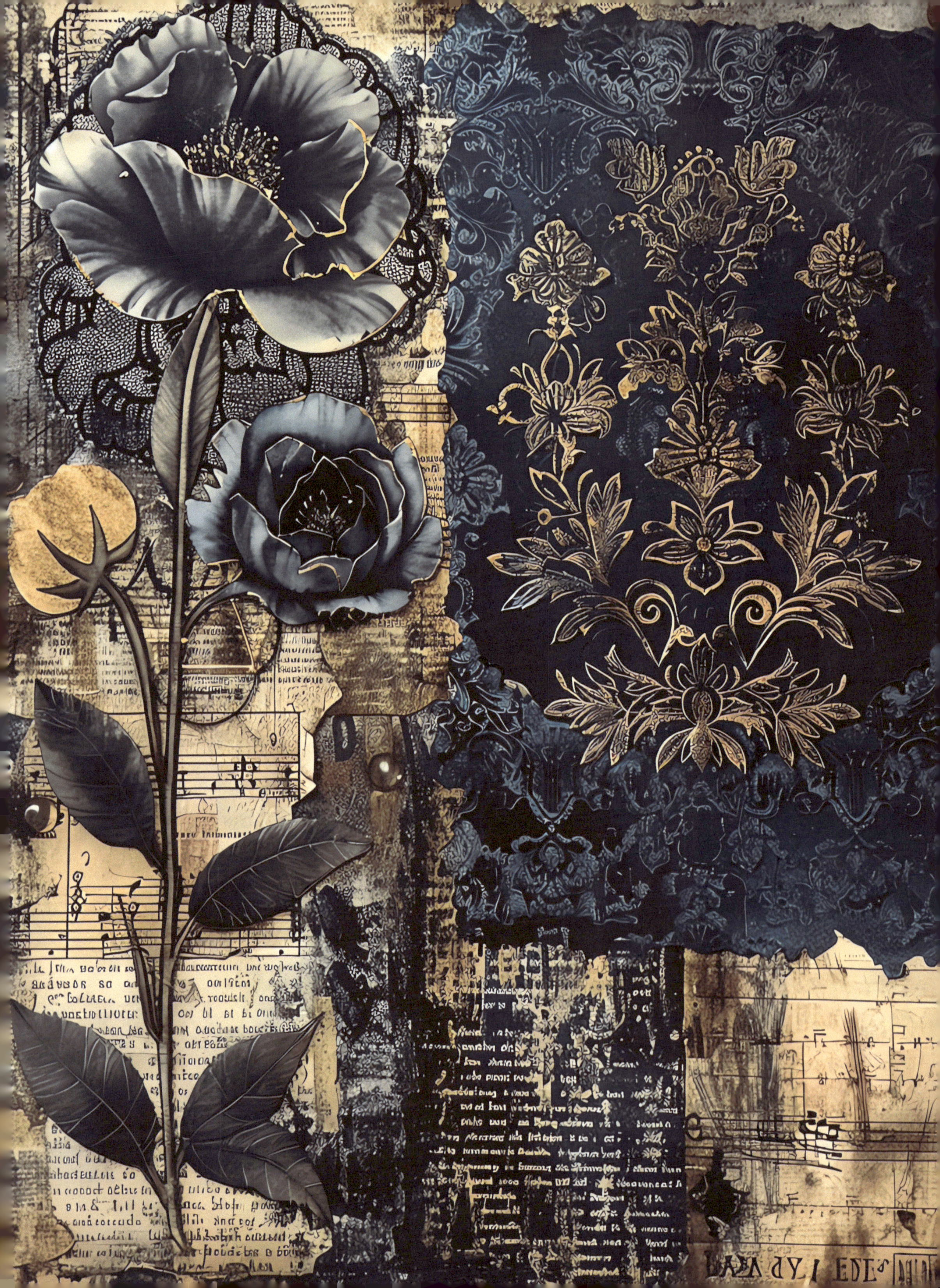

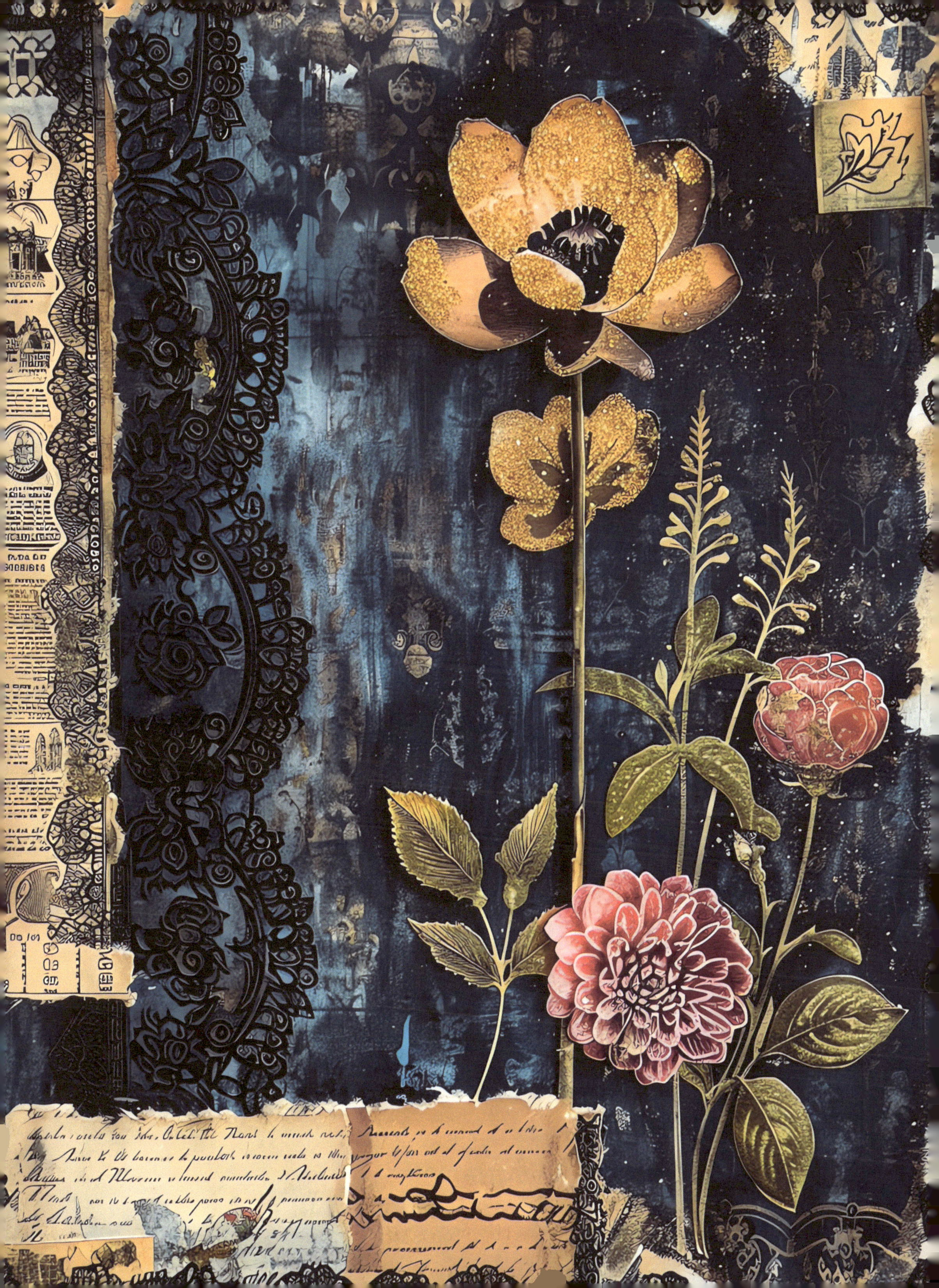

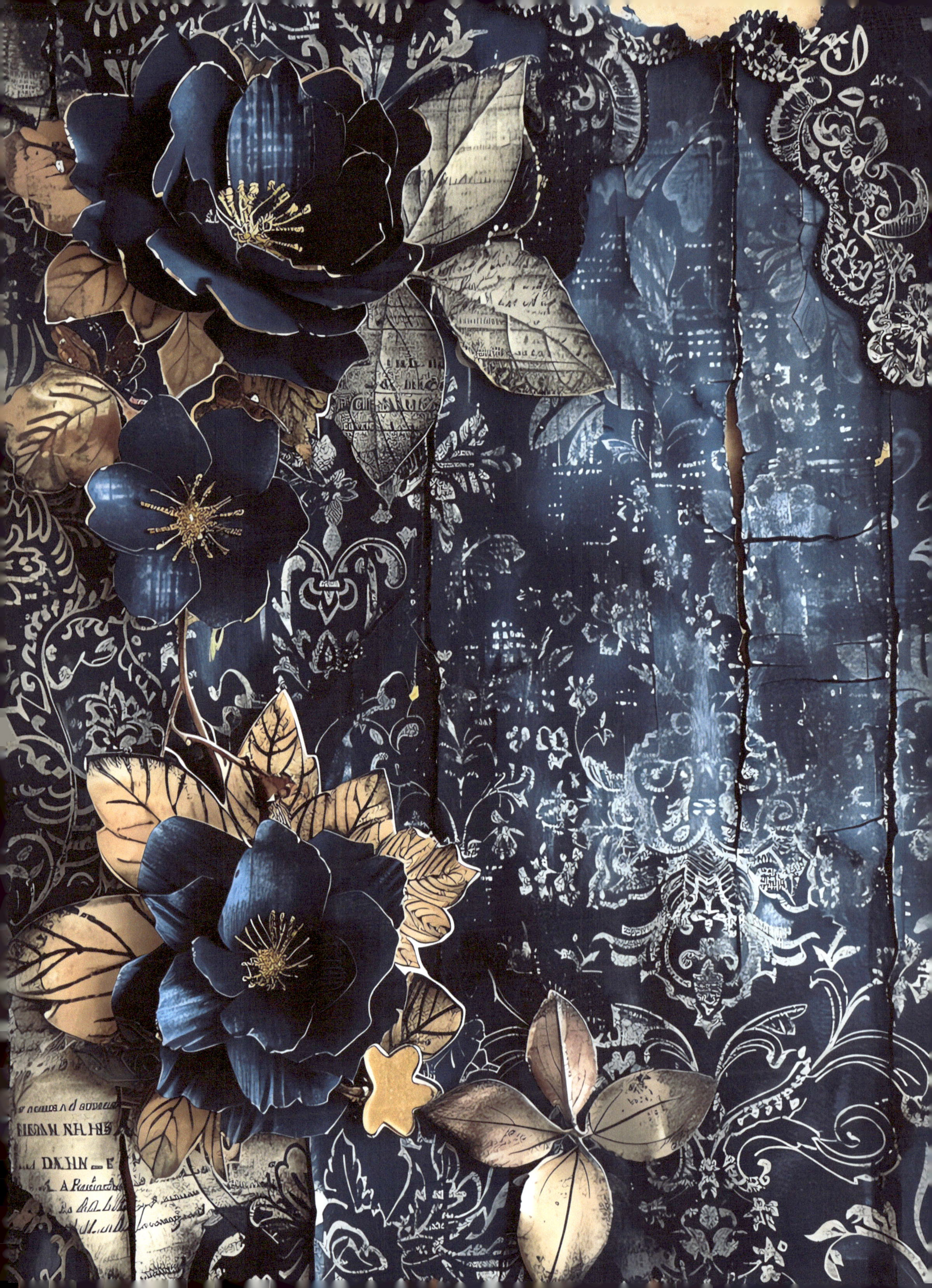

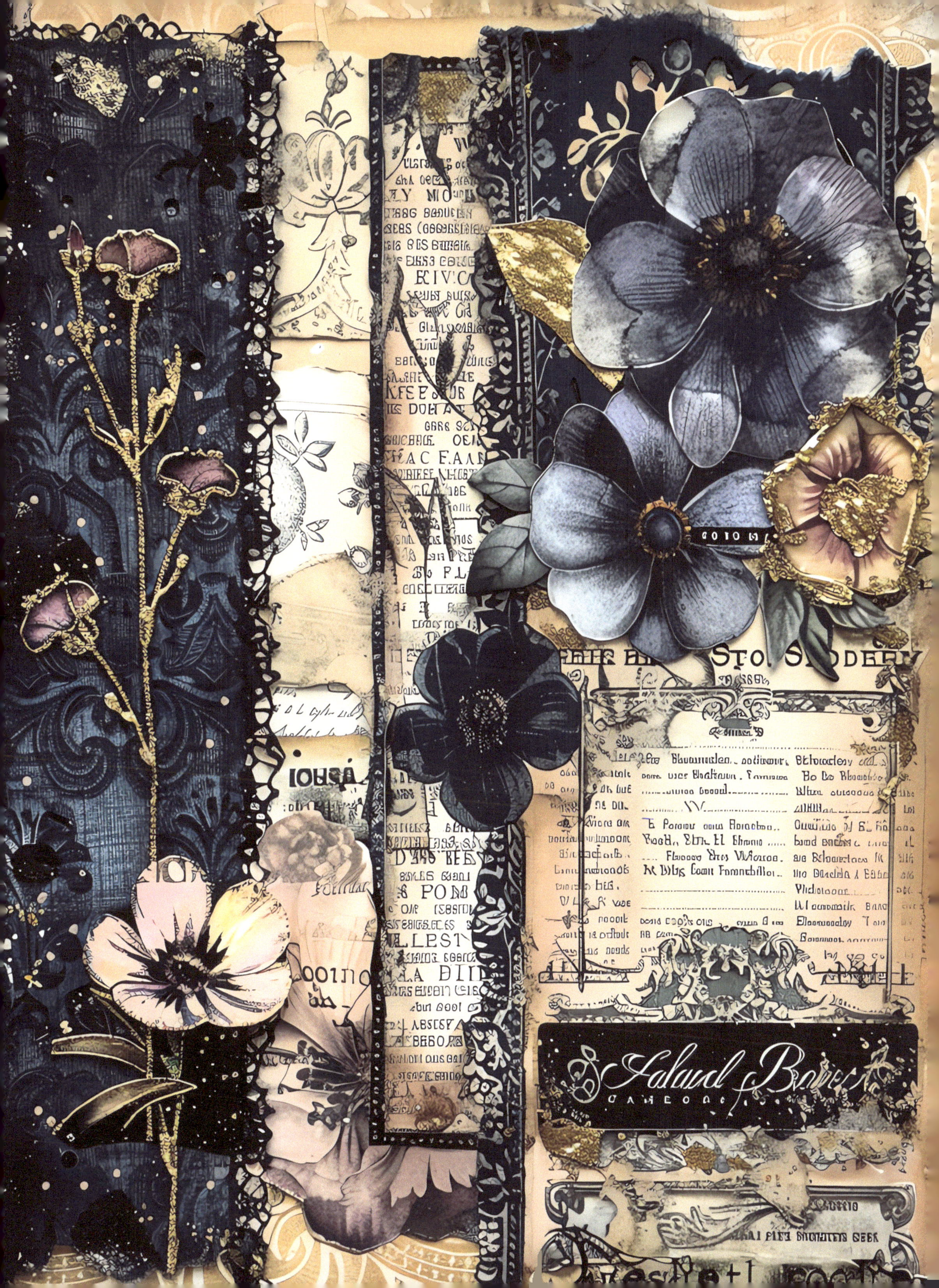

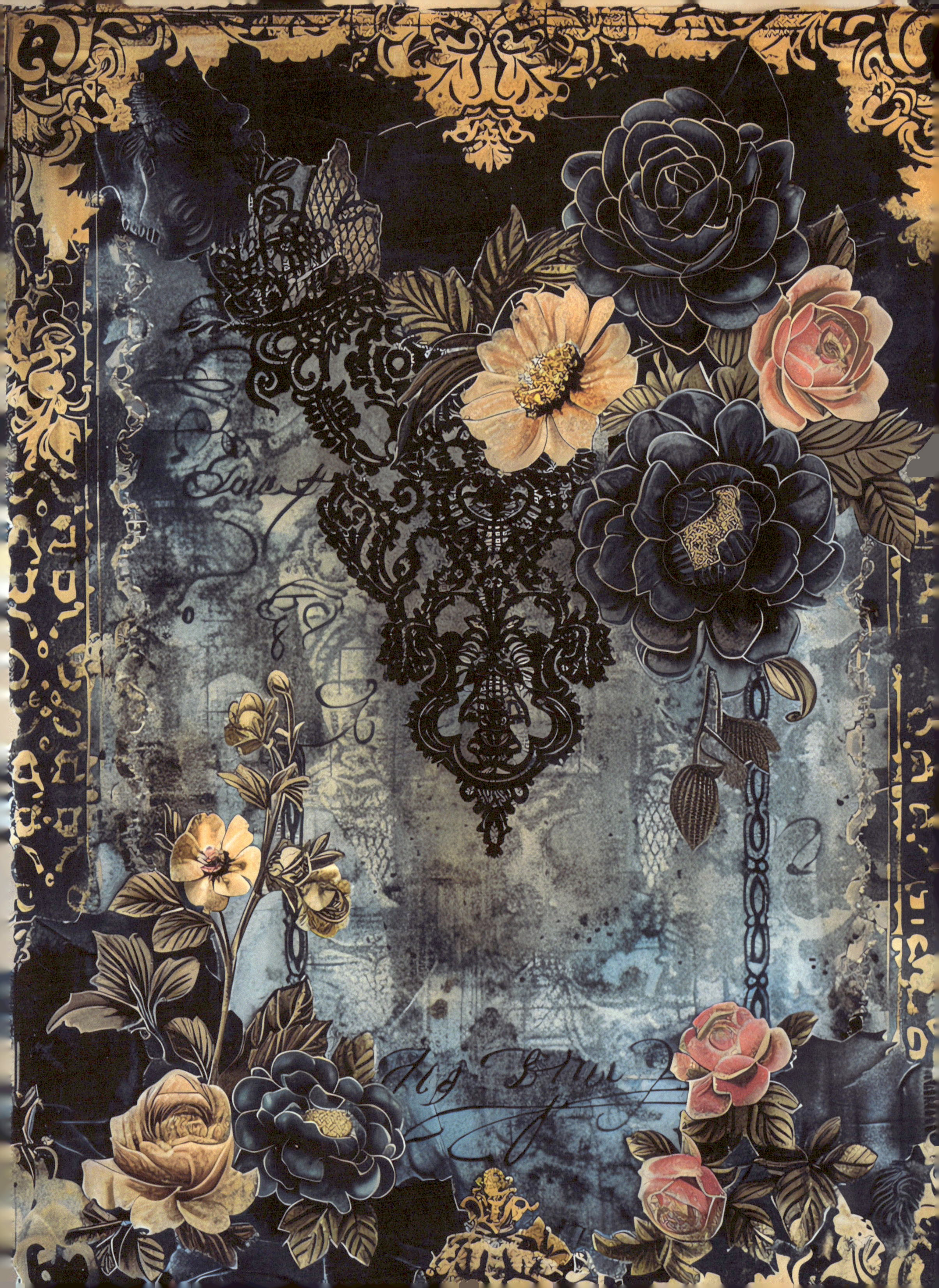

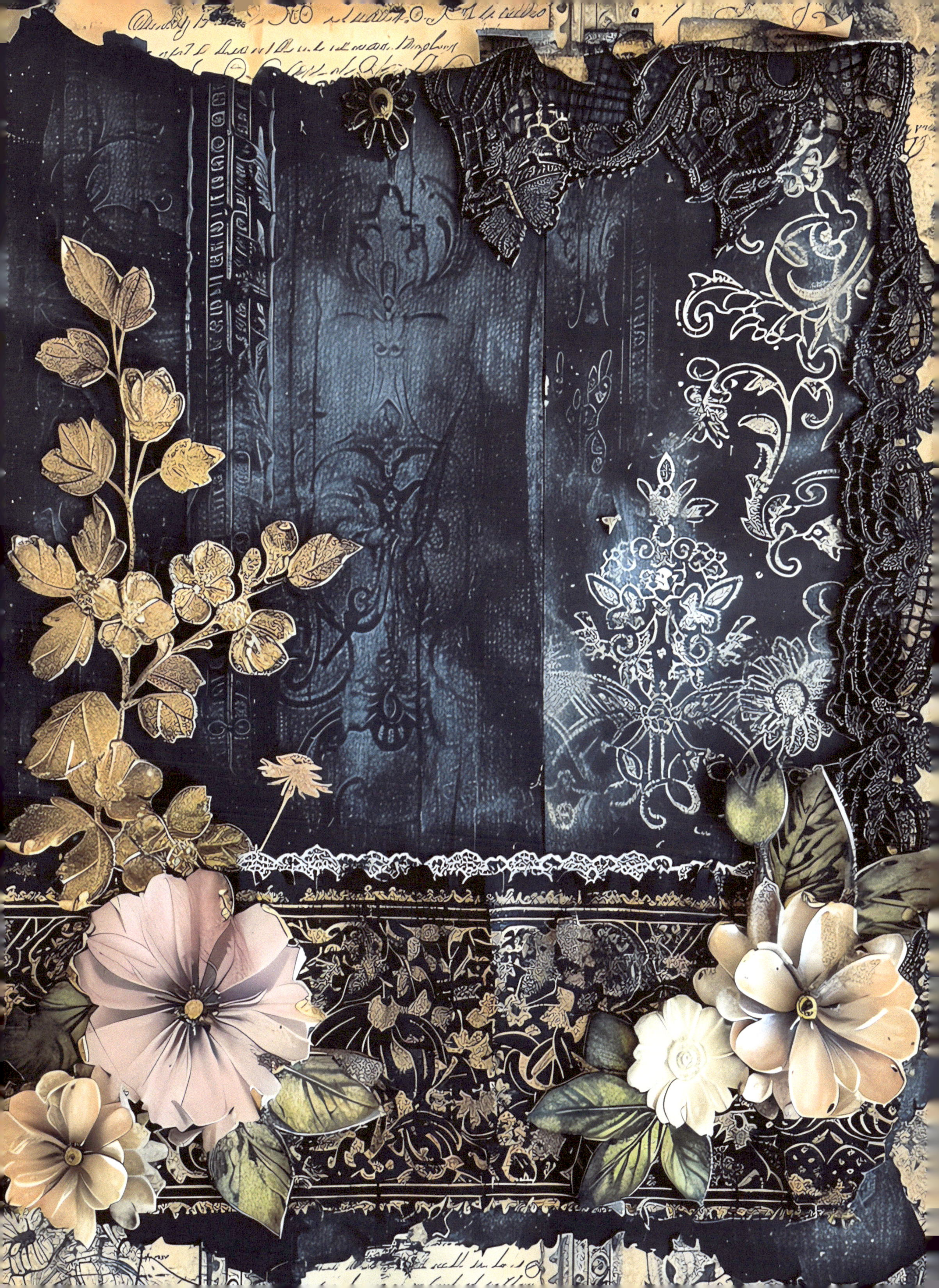

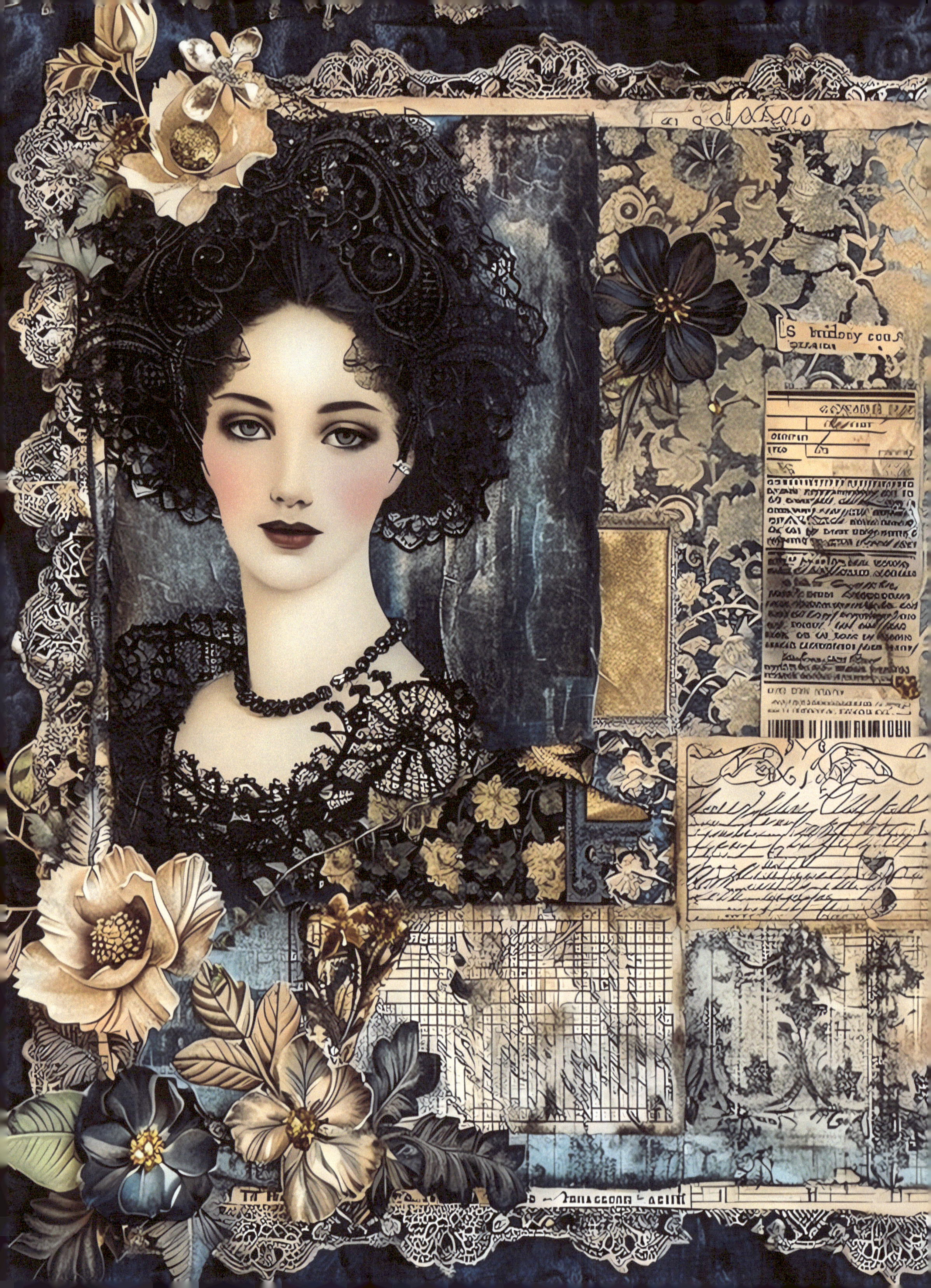

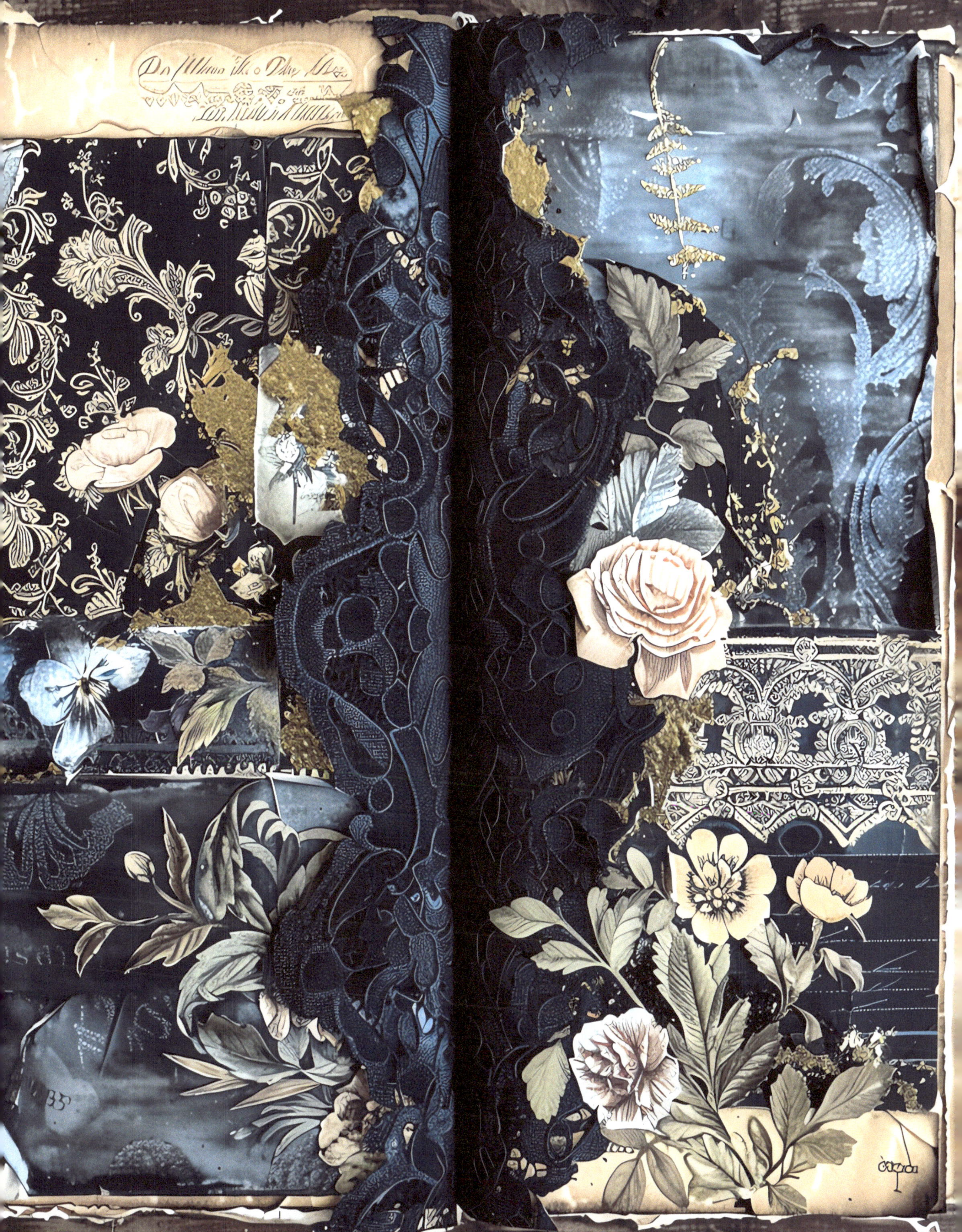

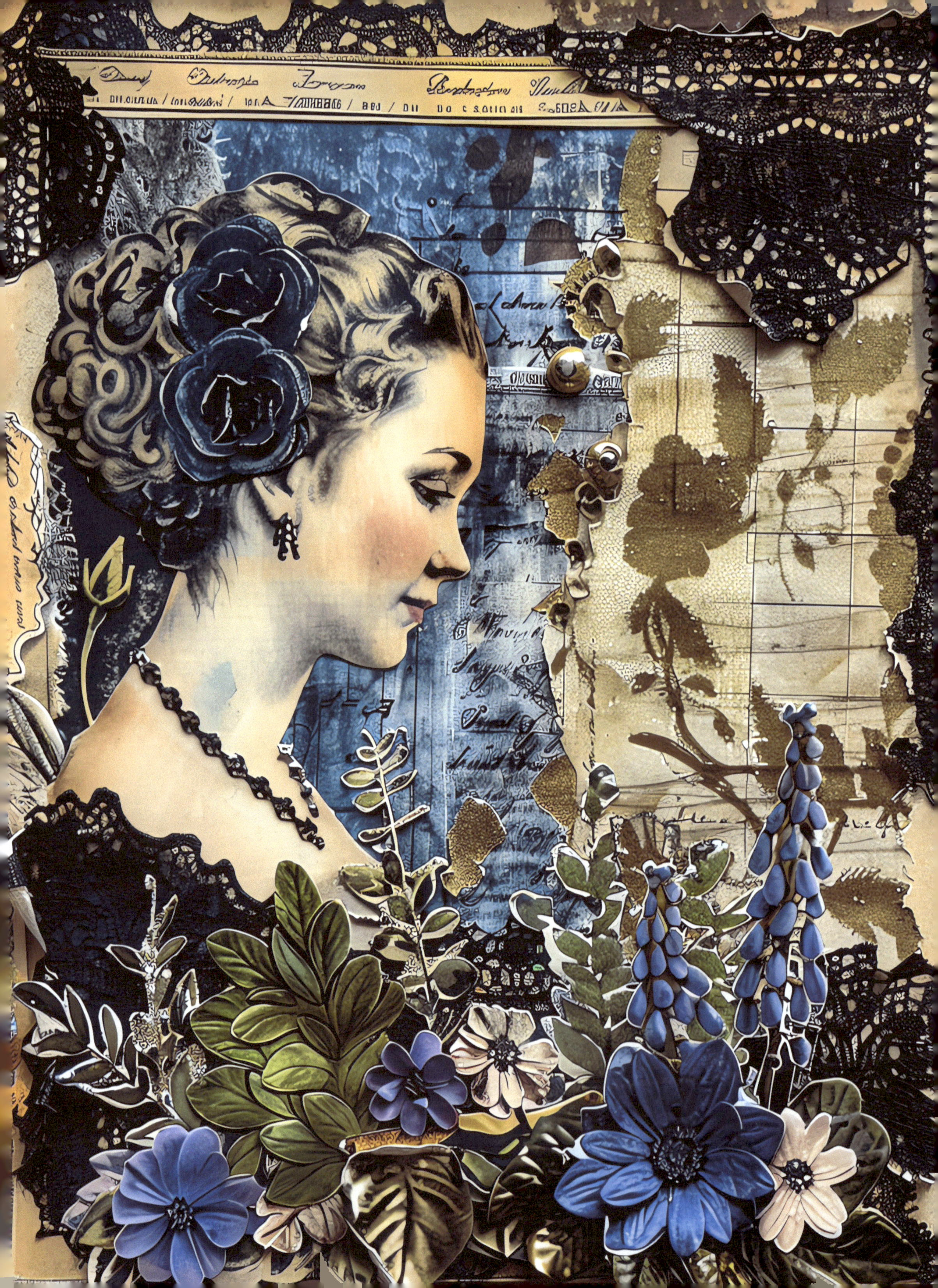

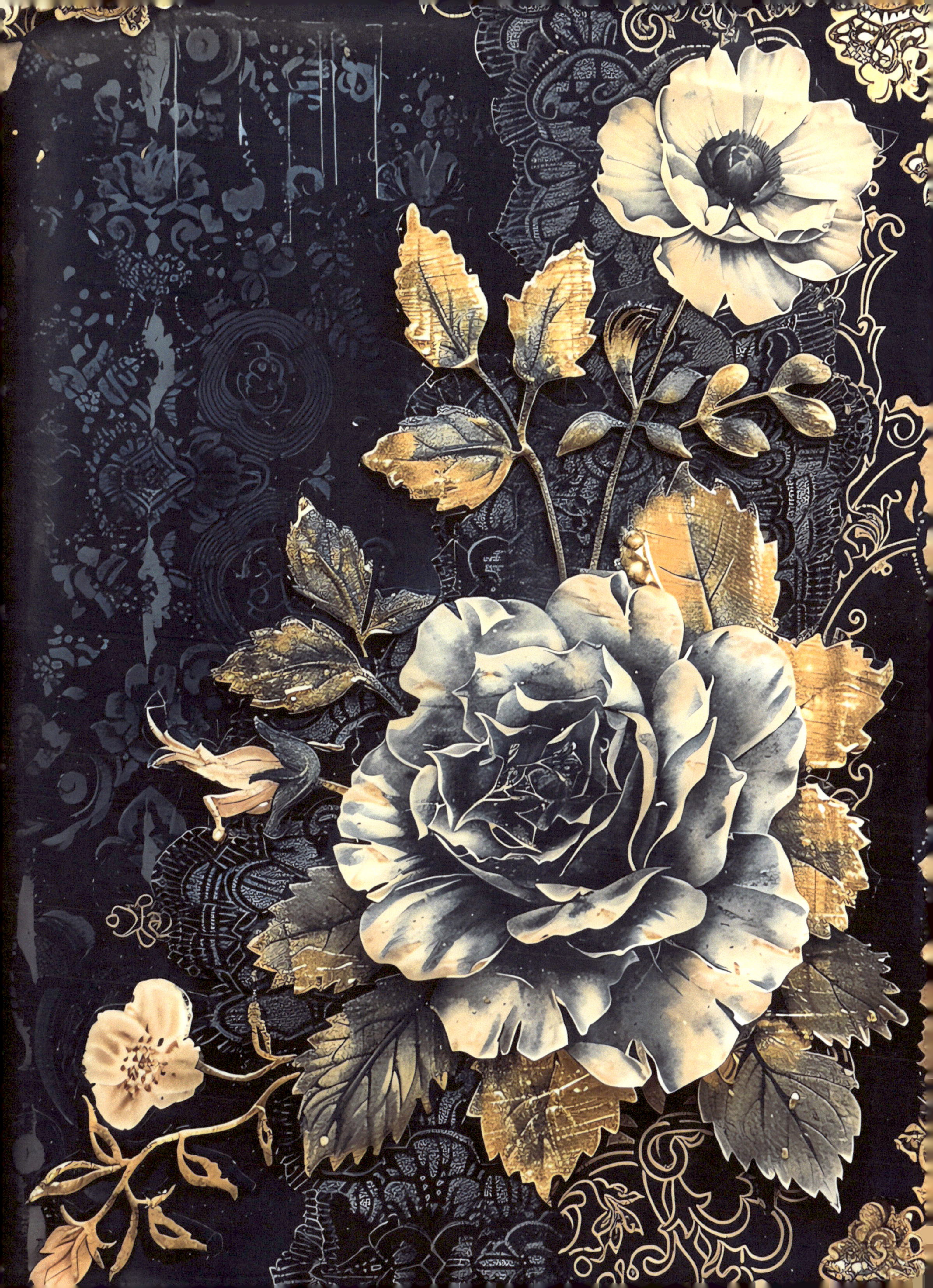

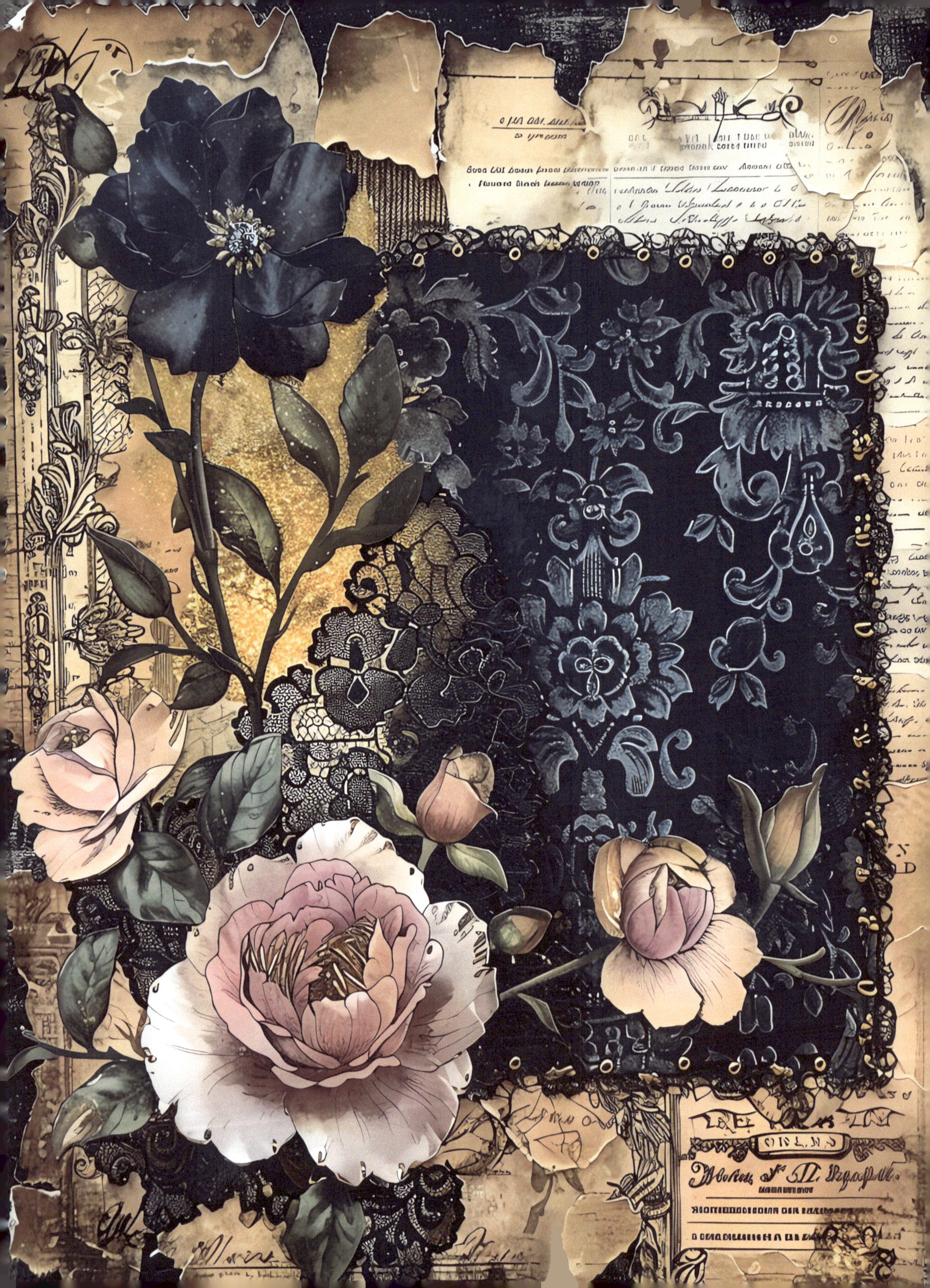

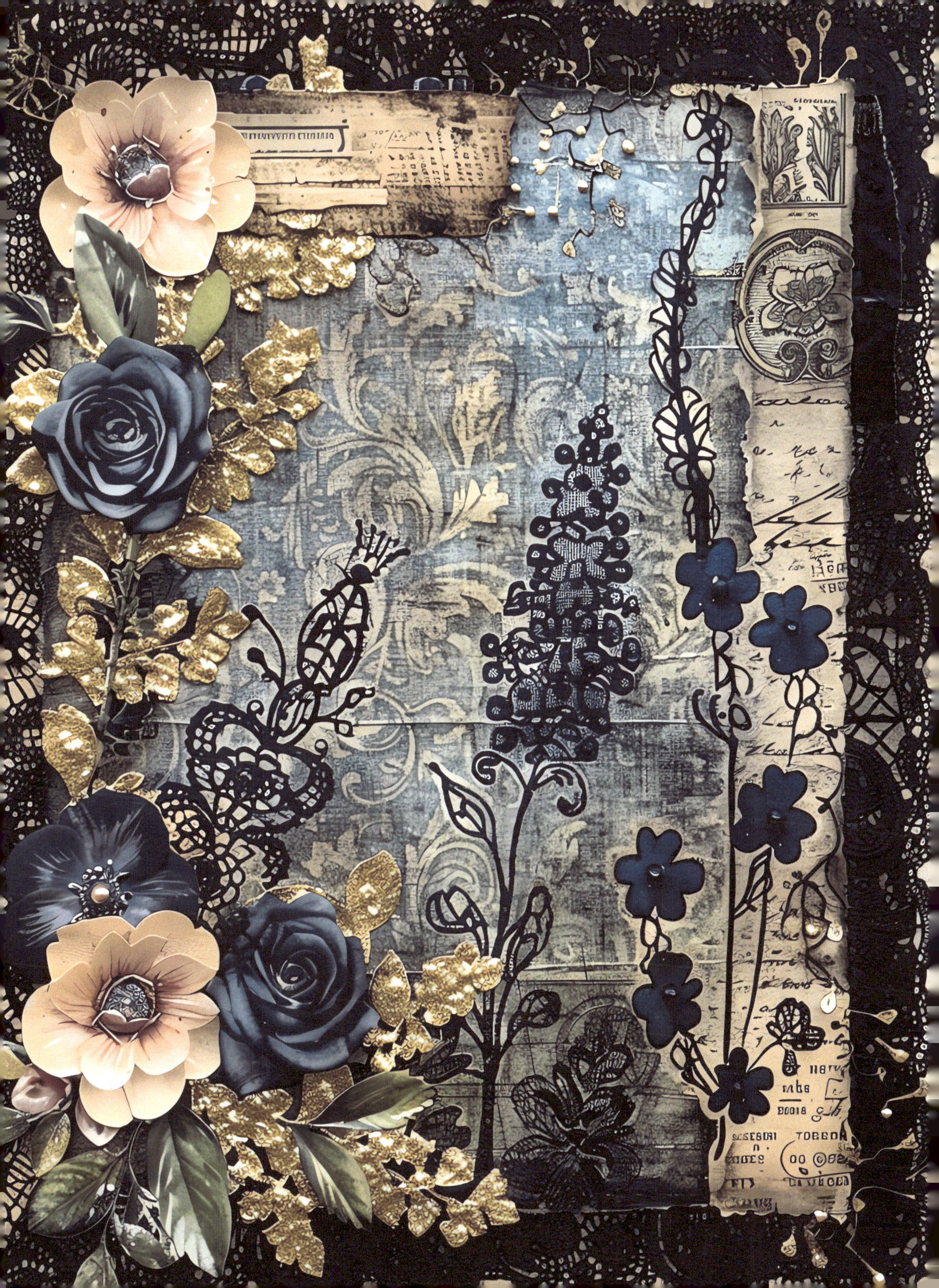

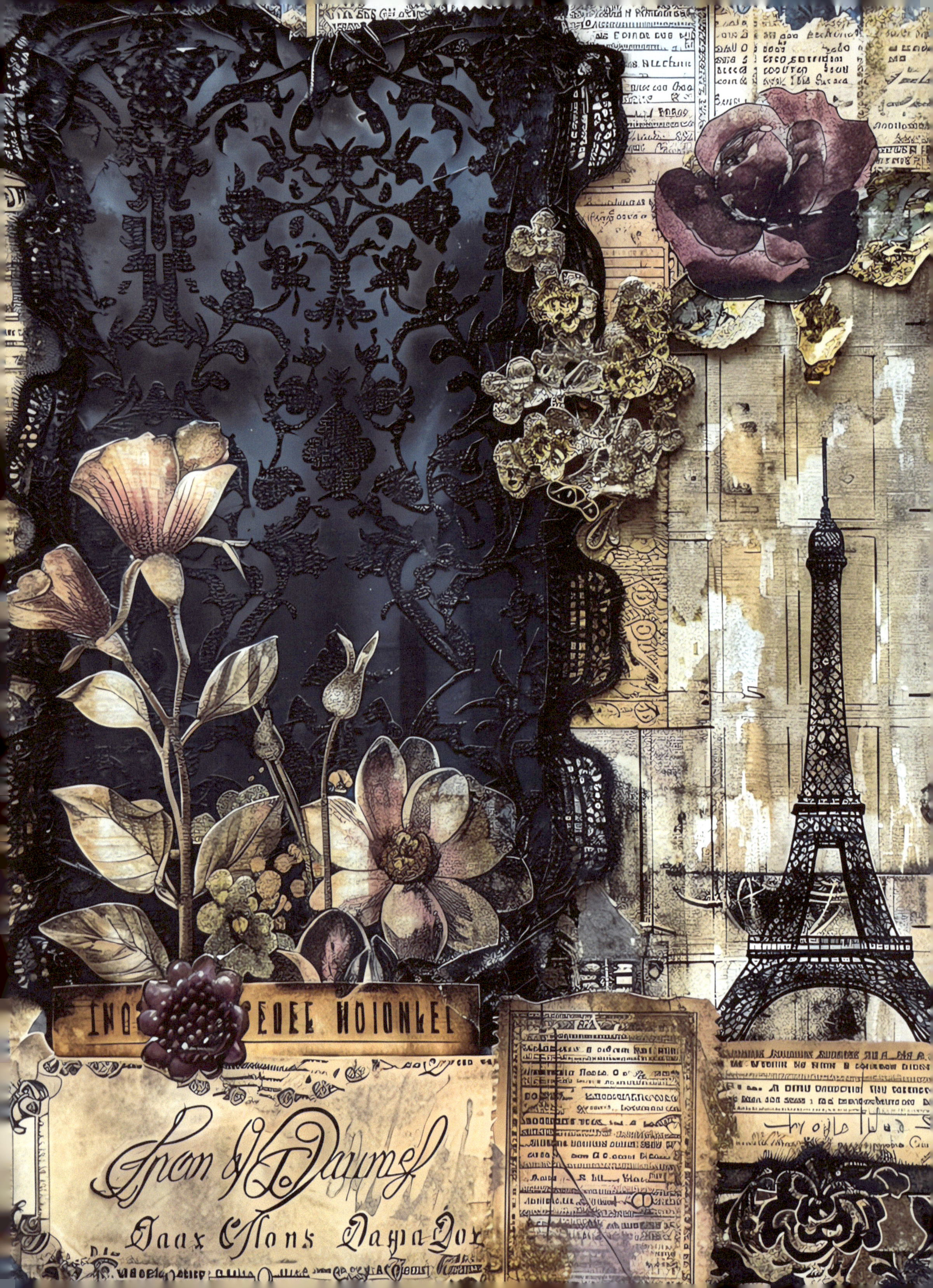

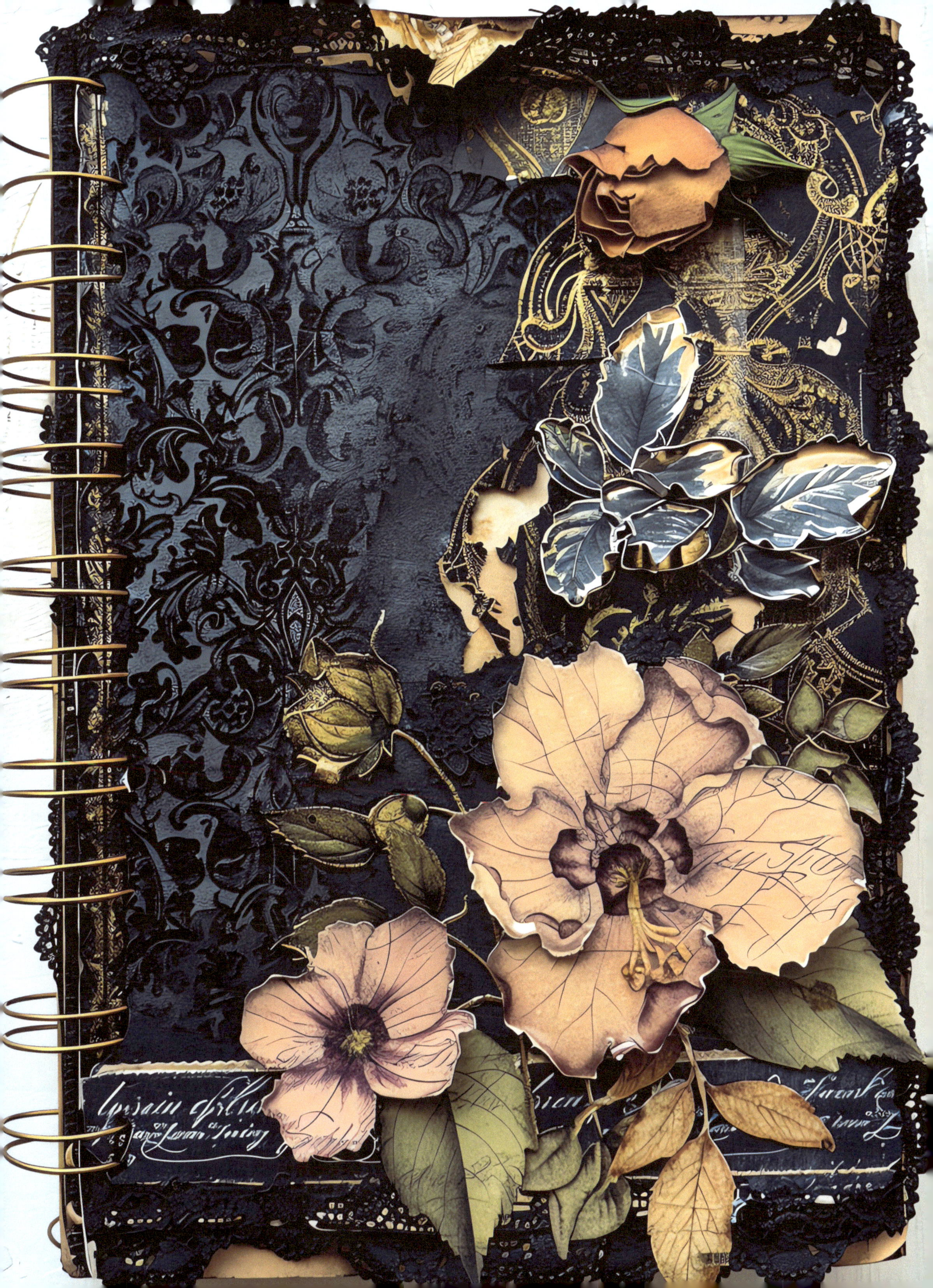

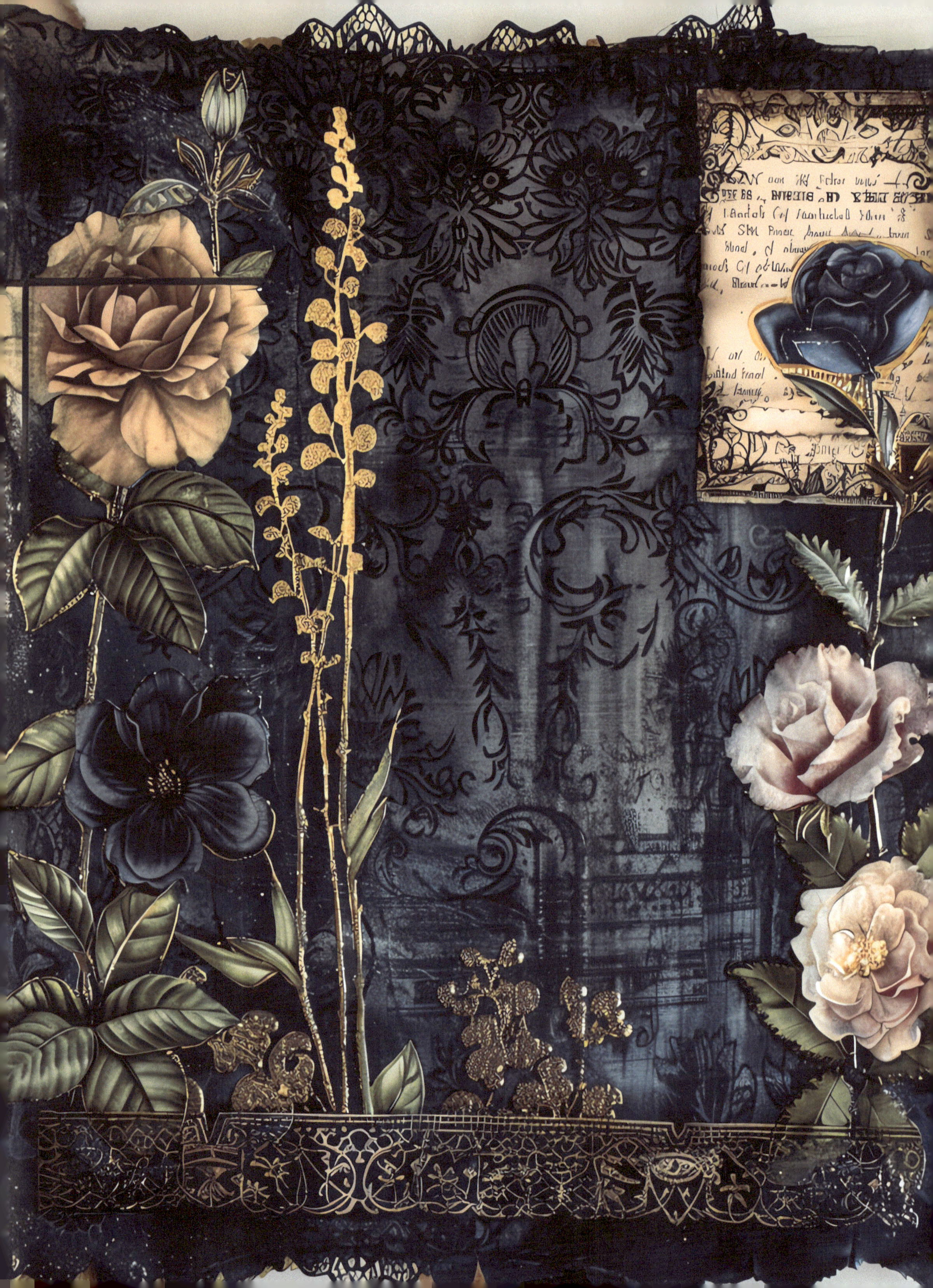

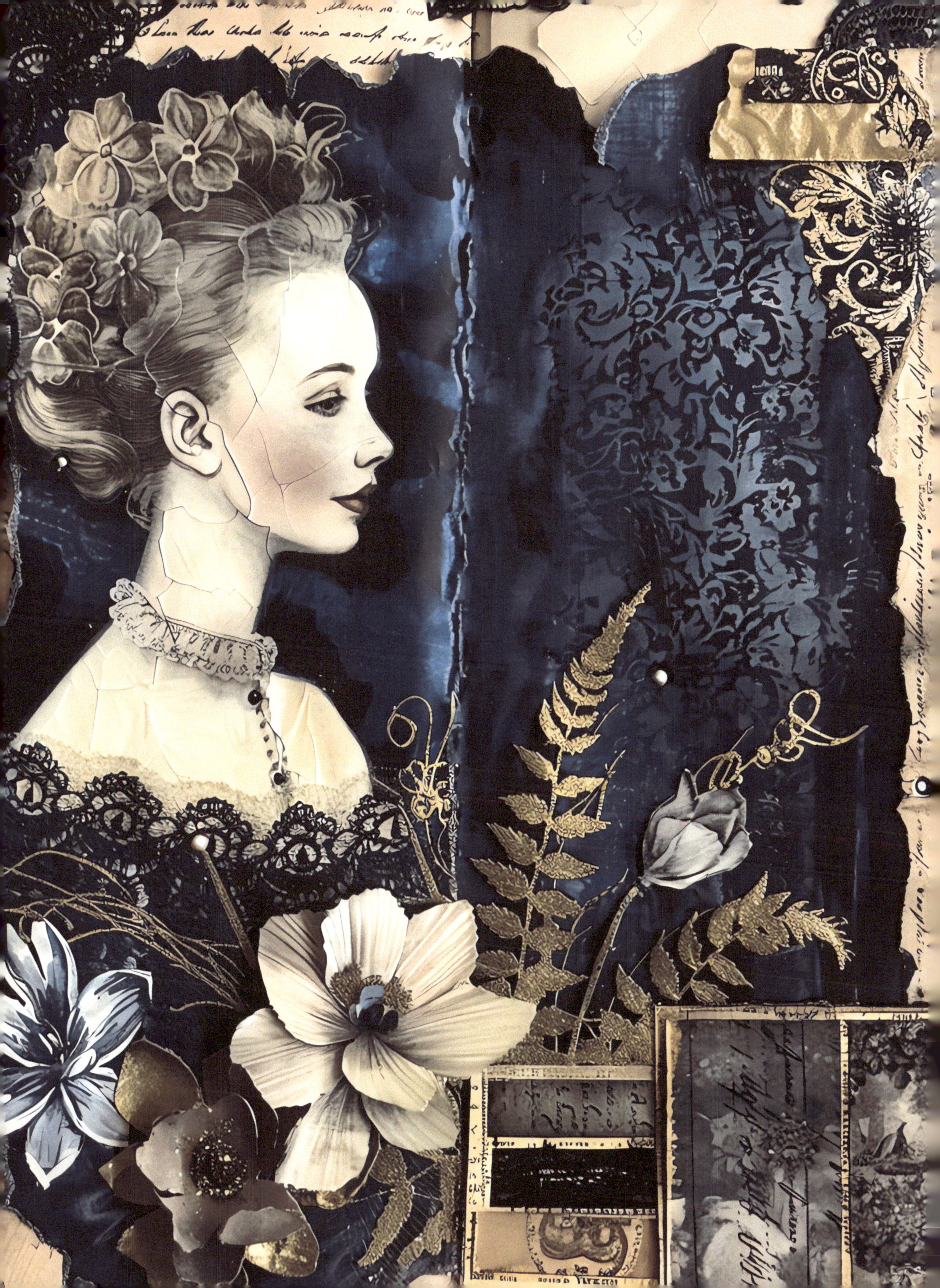

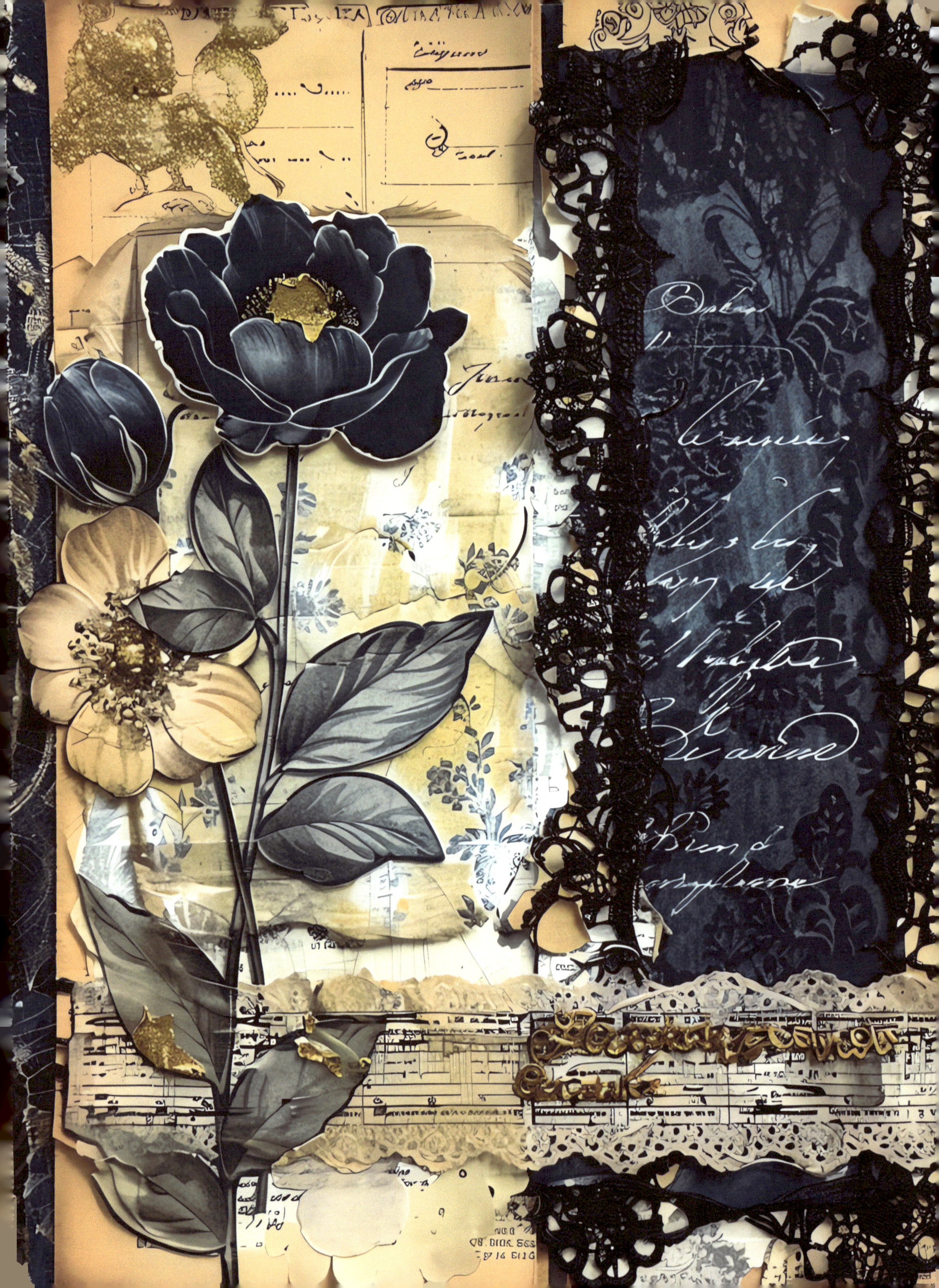

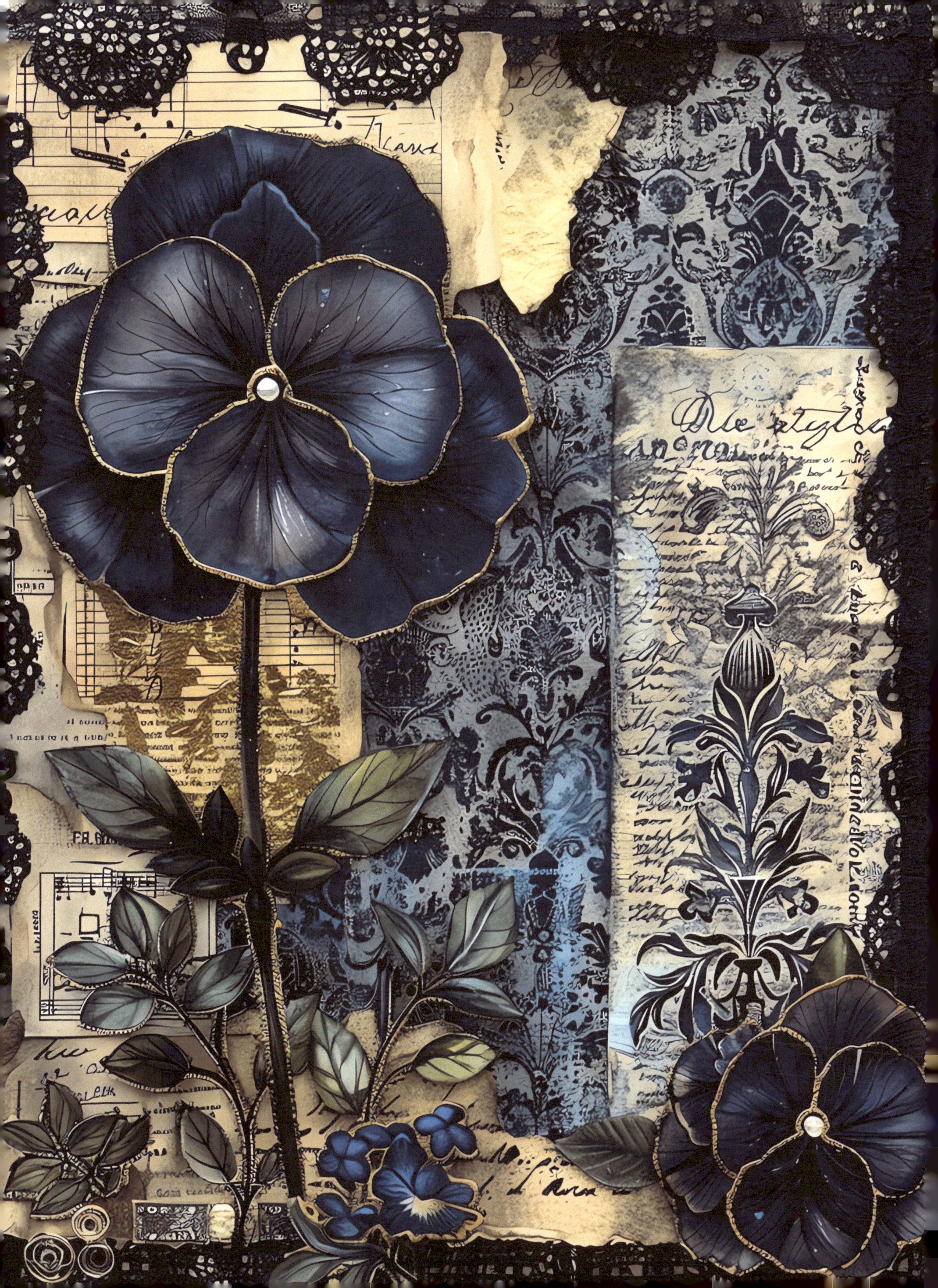

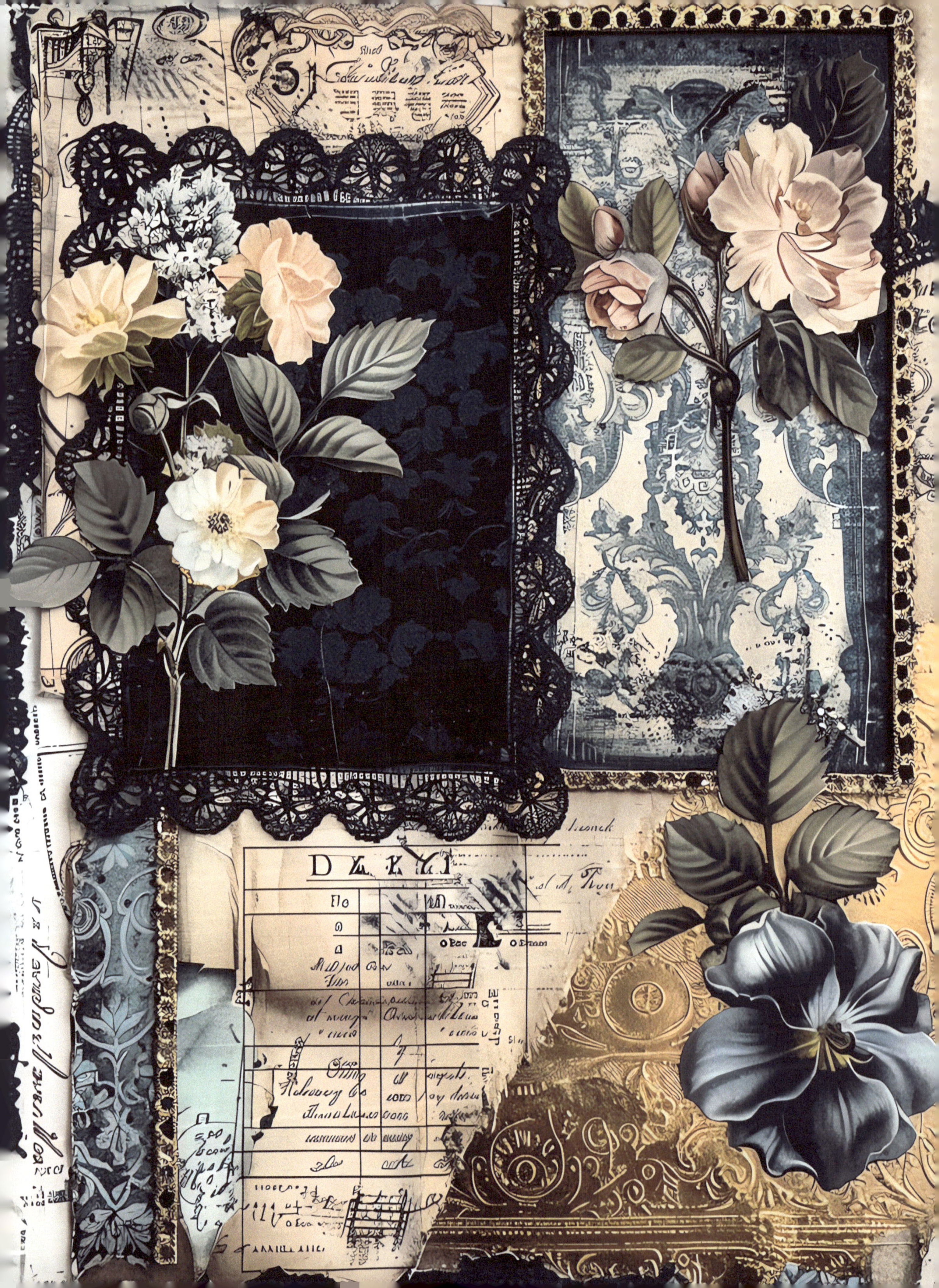

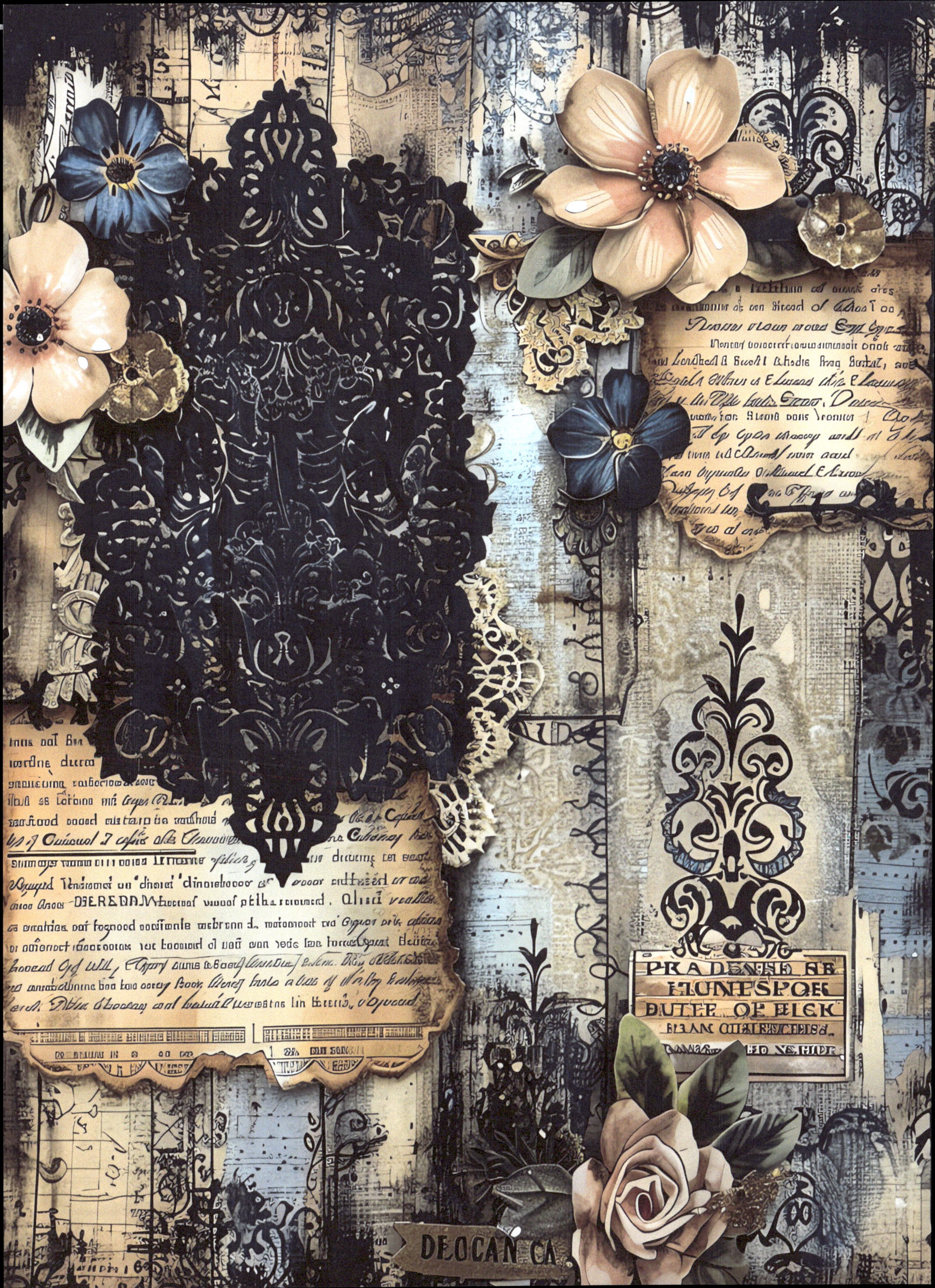
DEOCAN CA

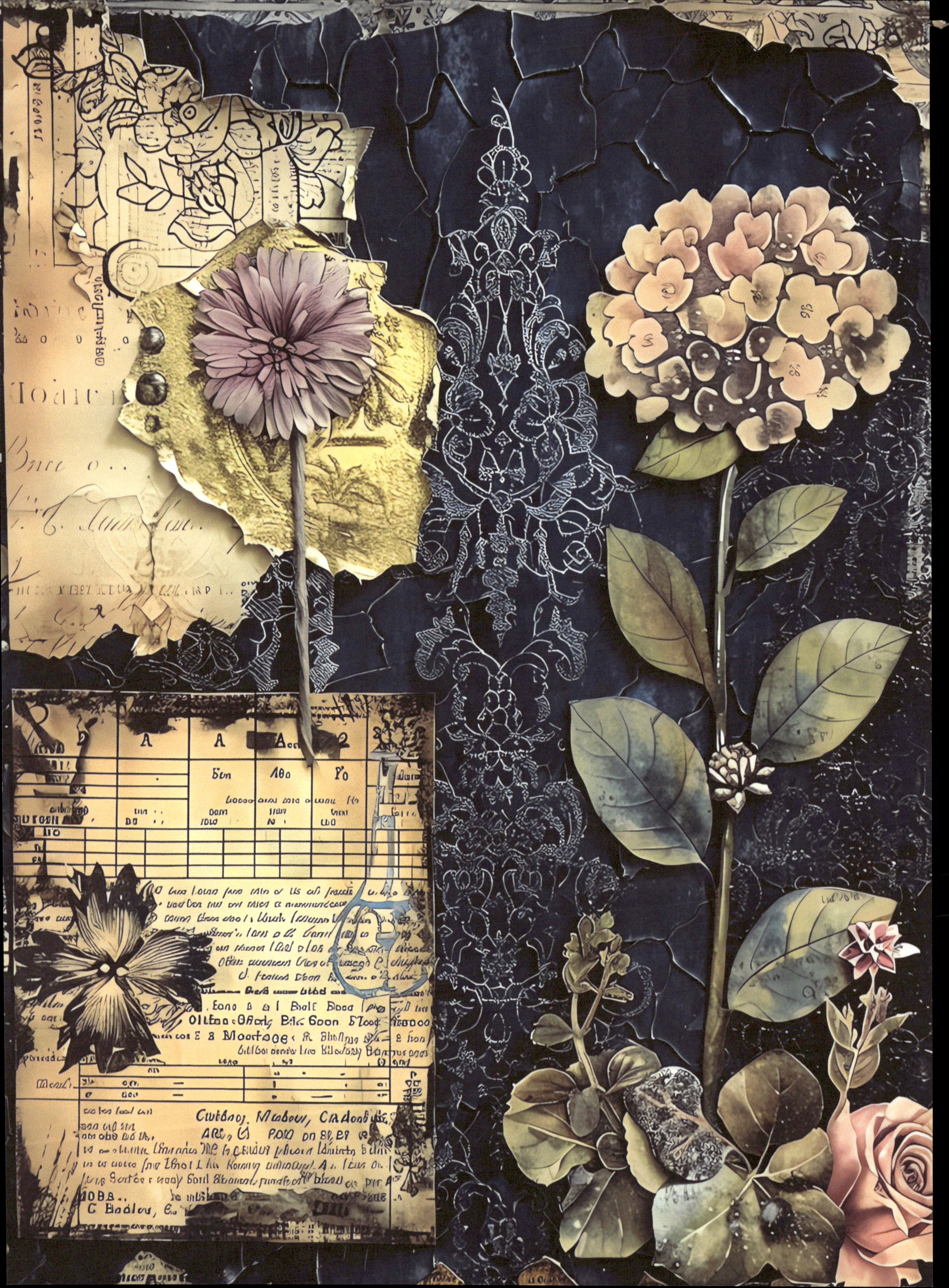

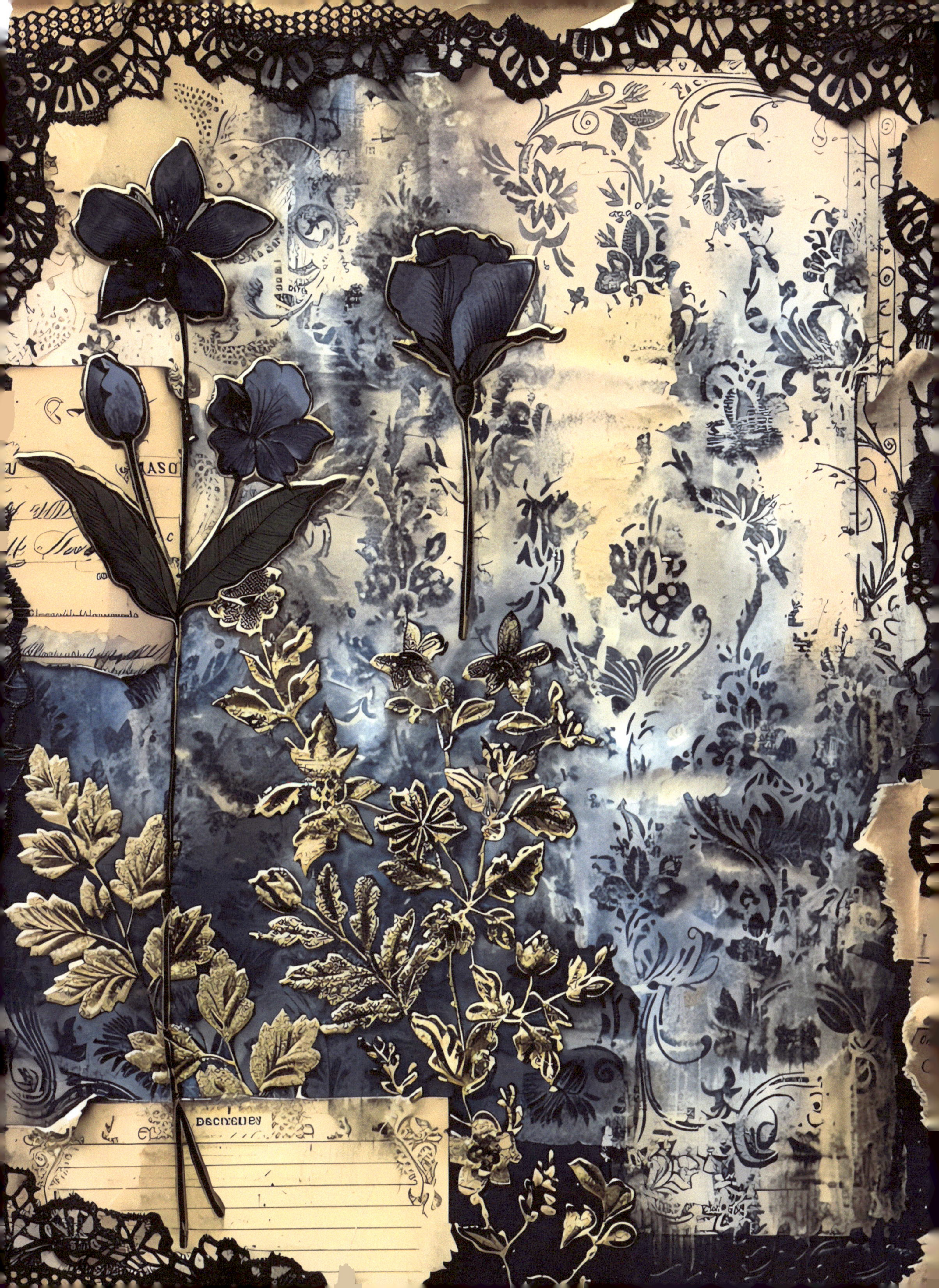

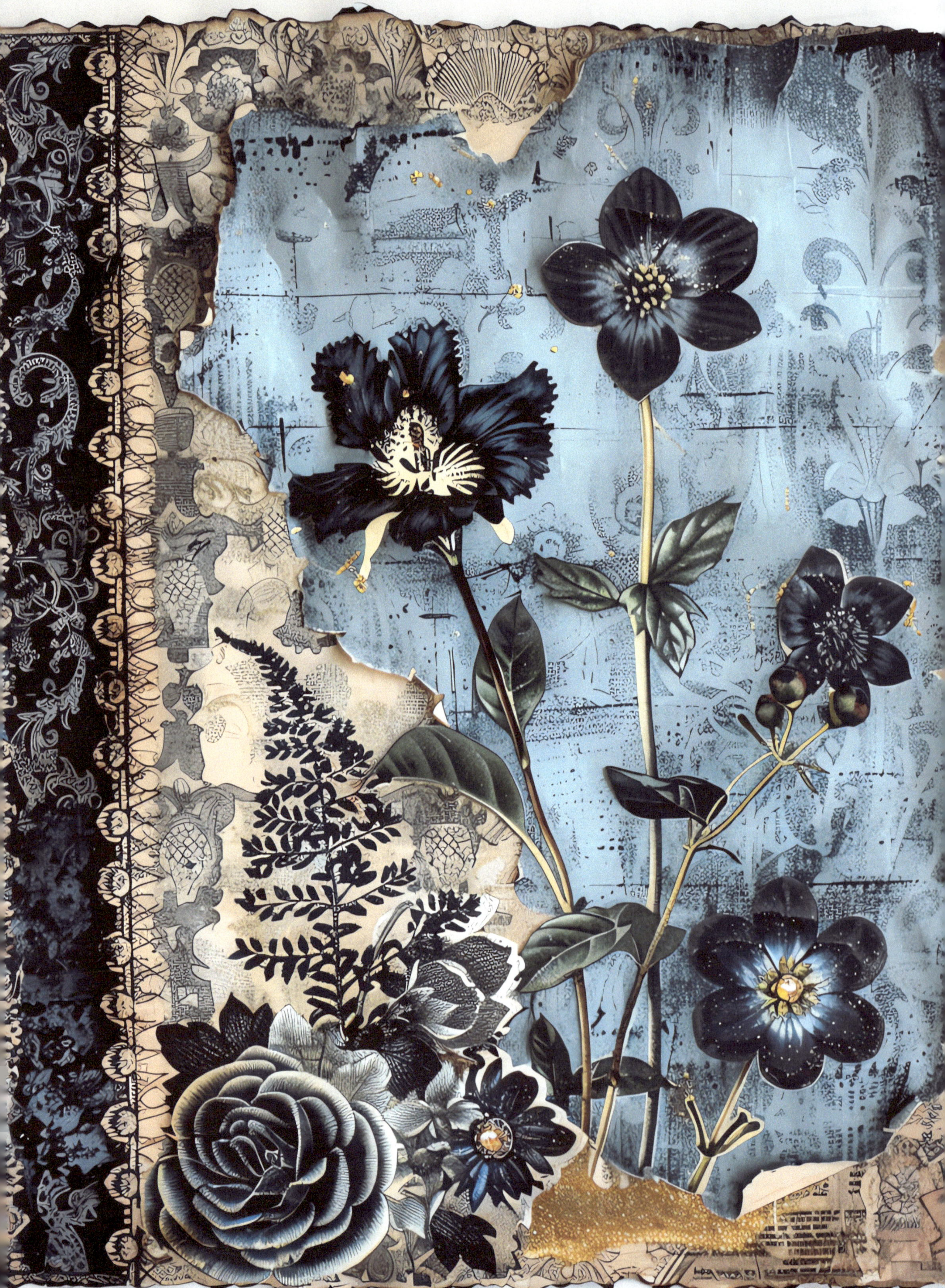

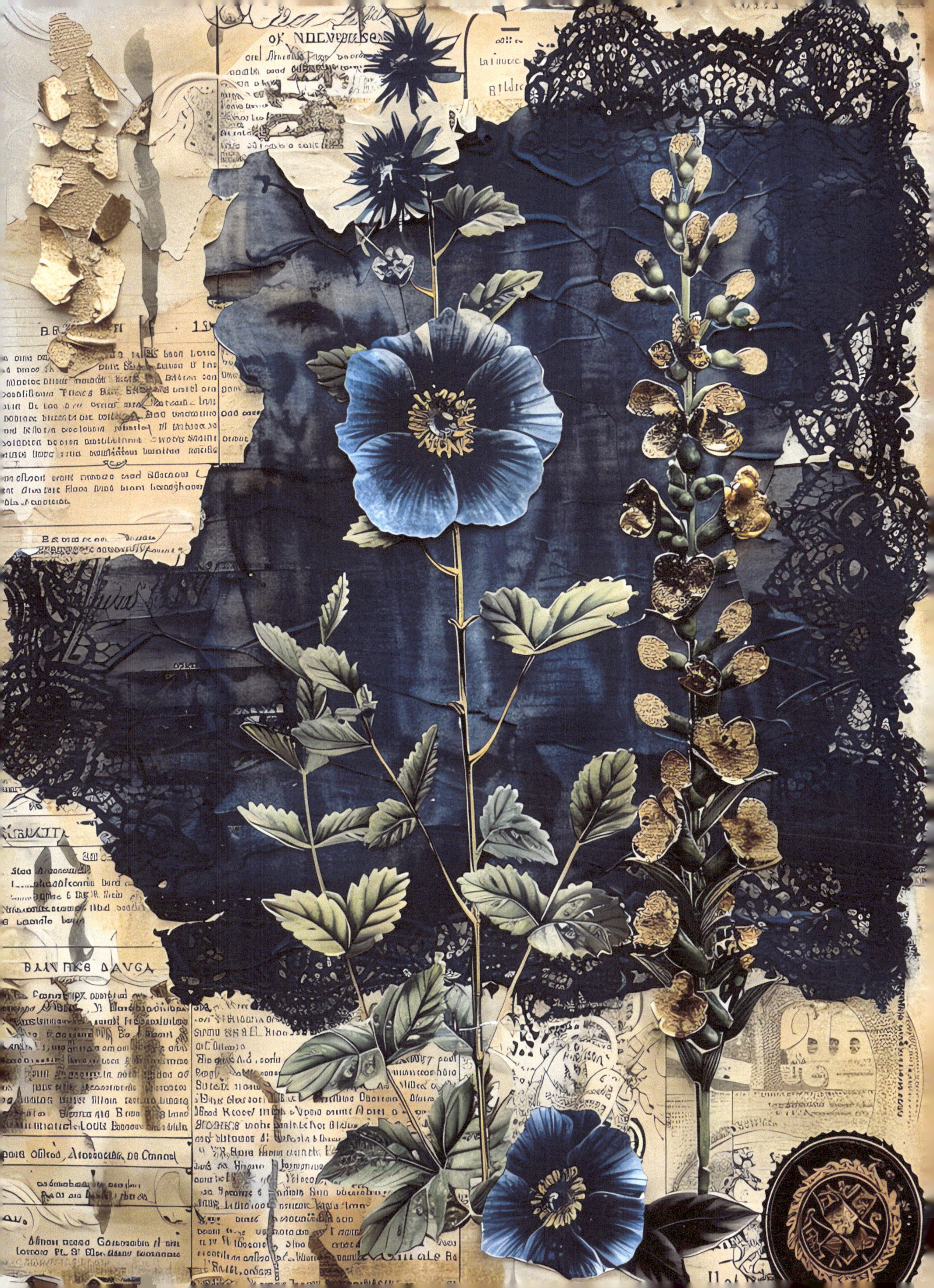

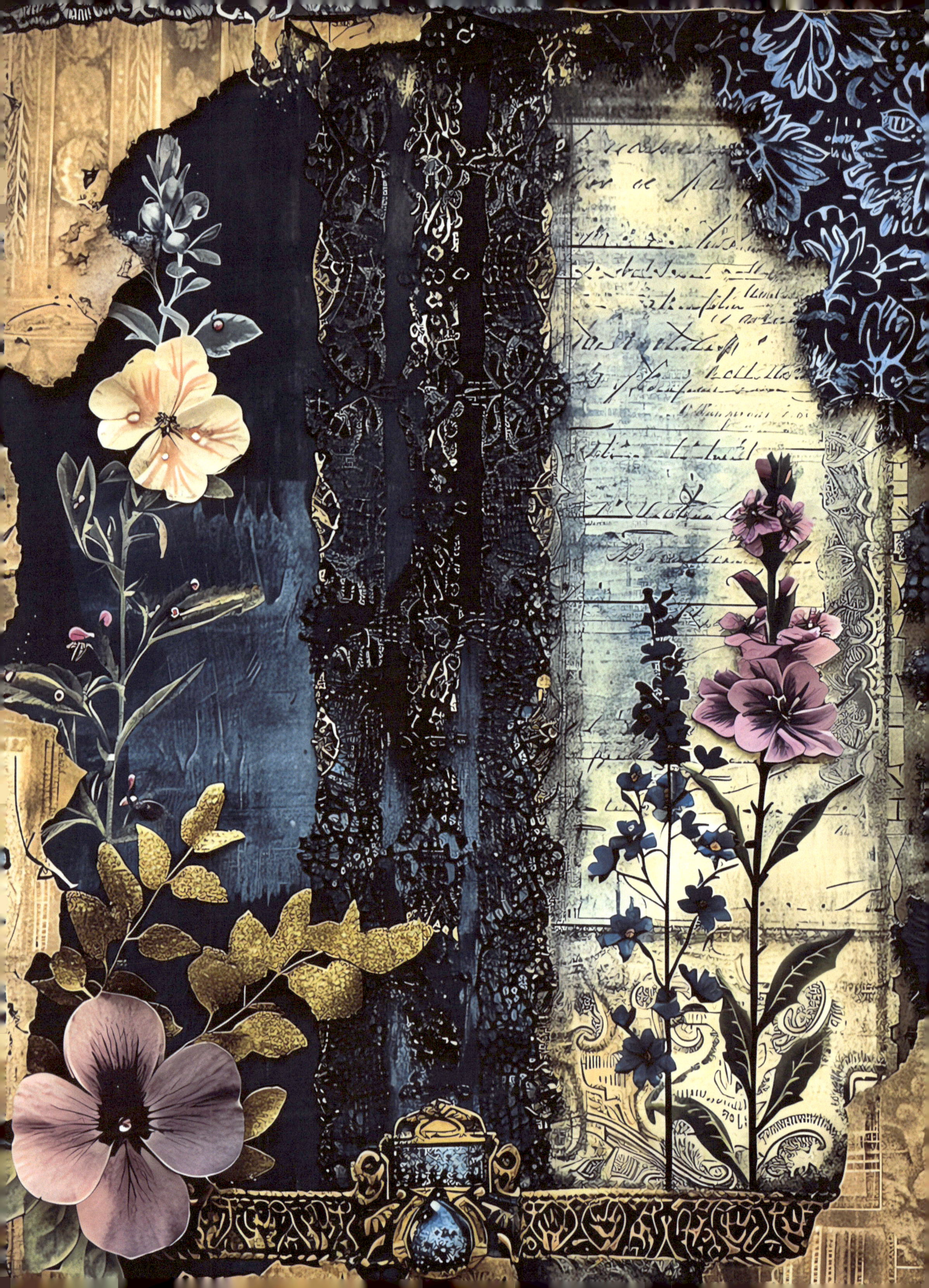

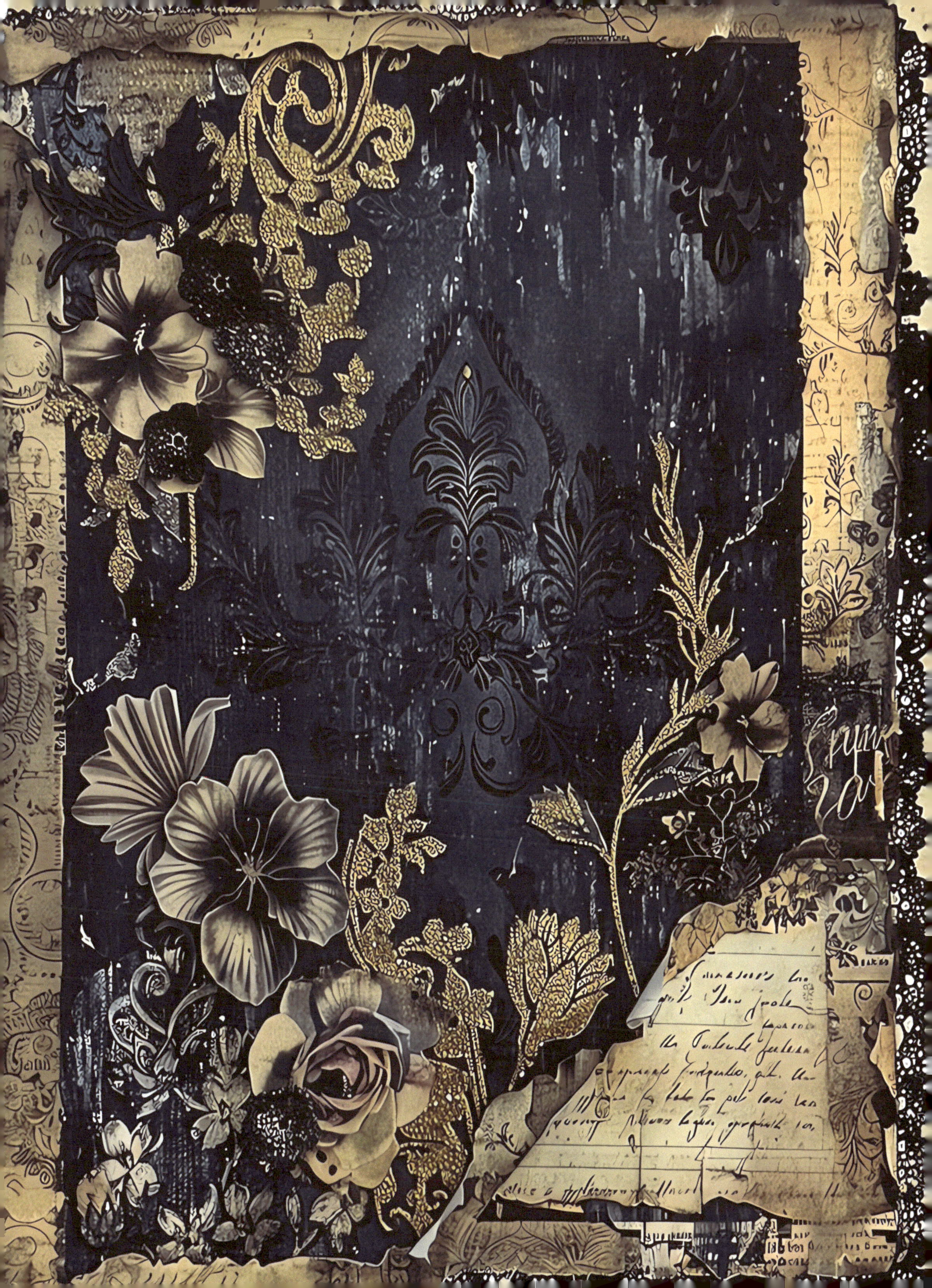

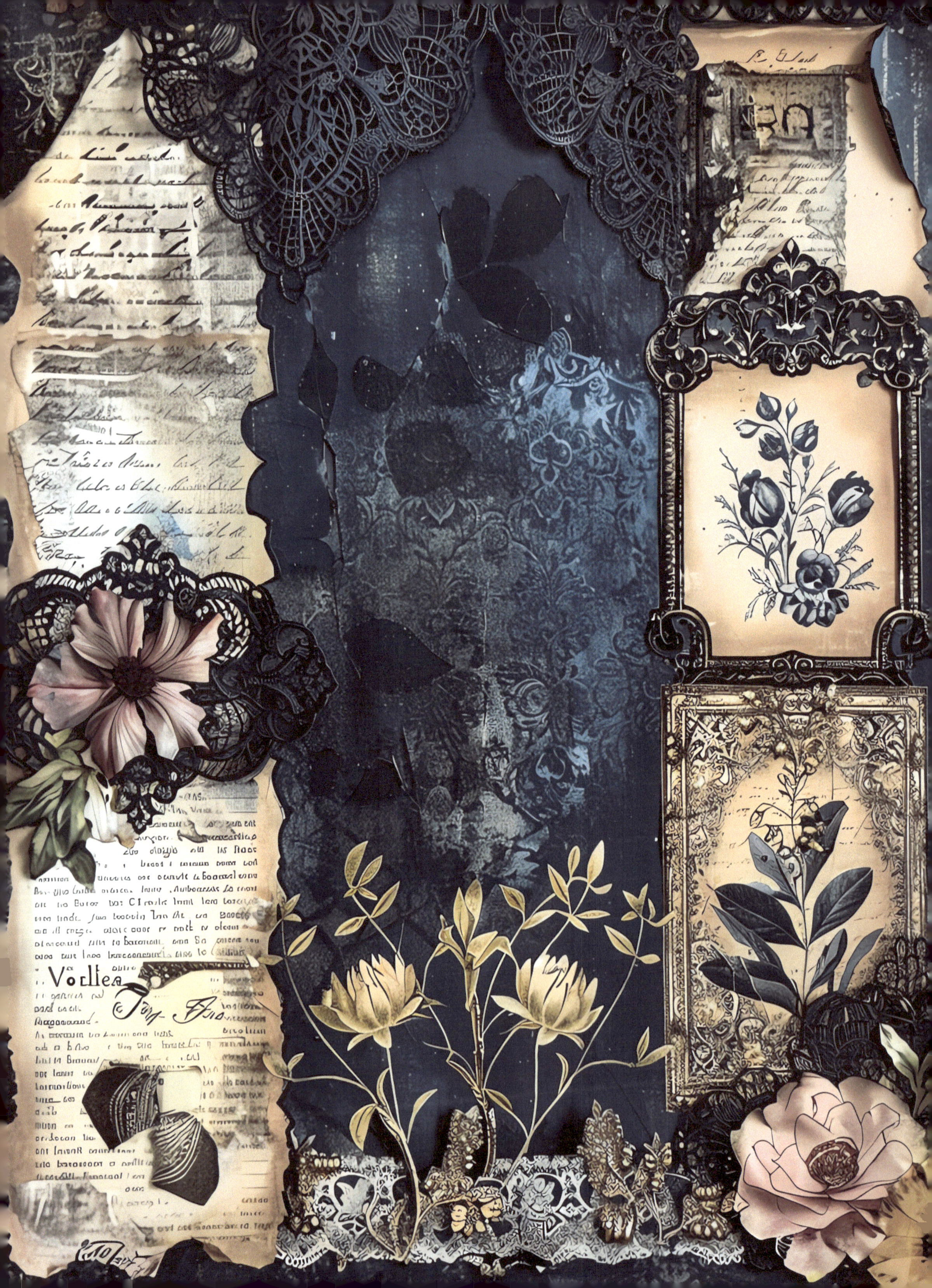

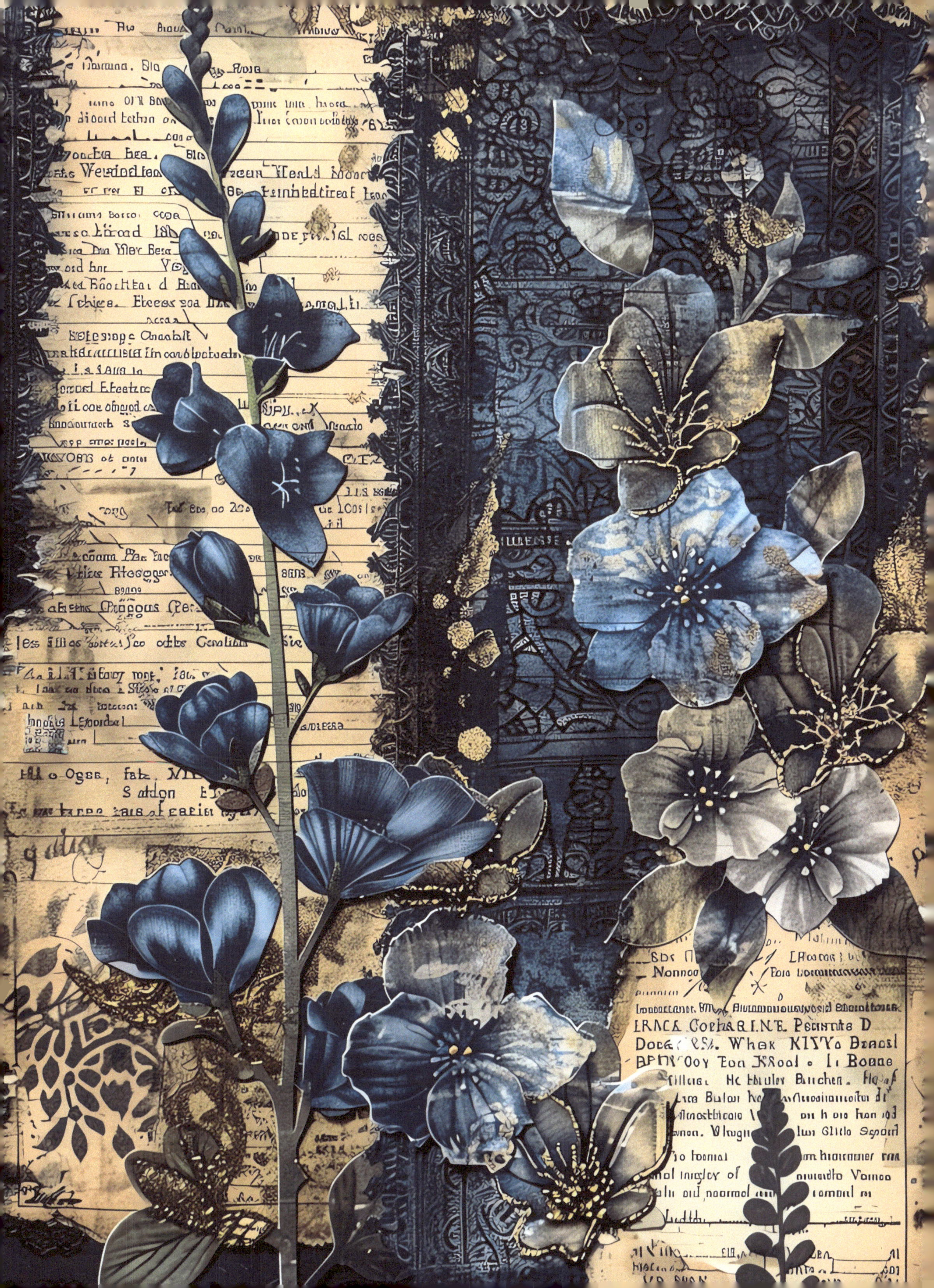

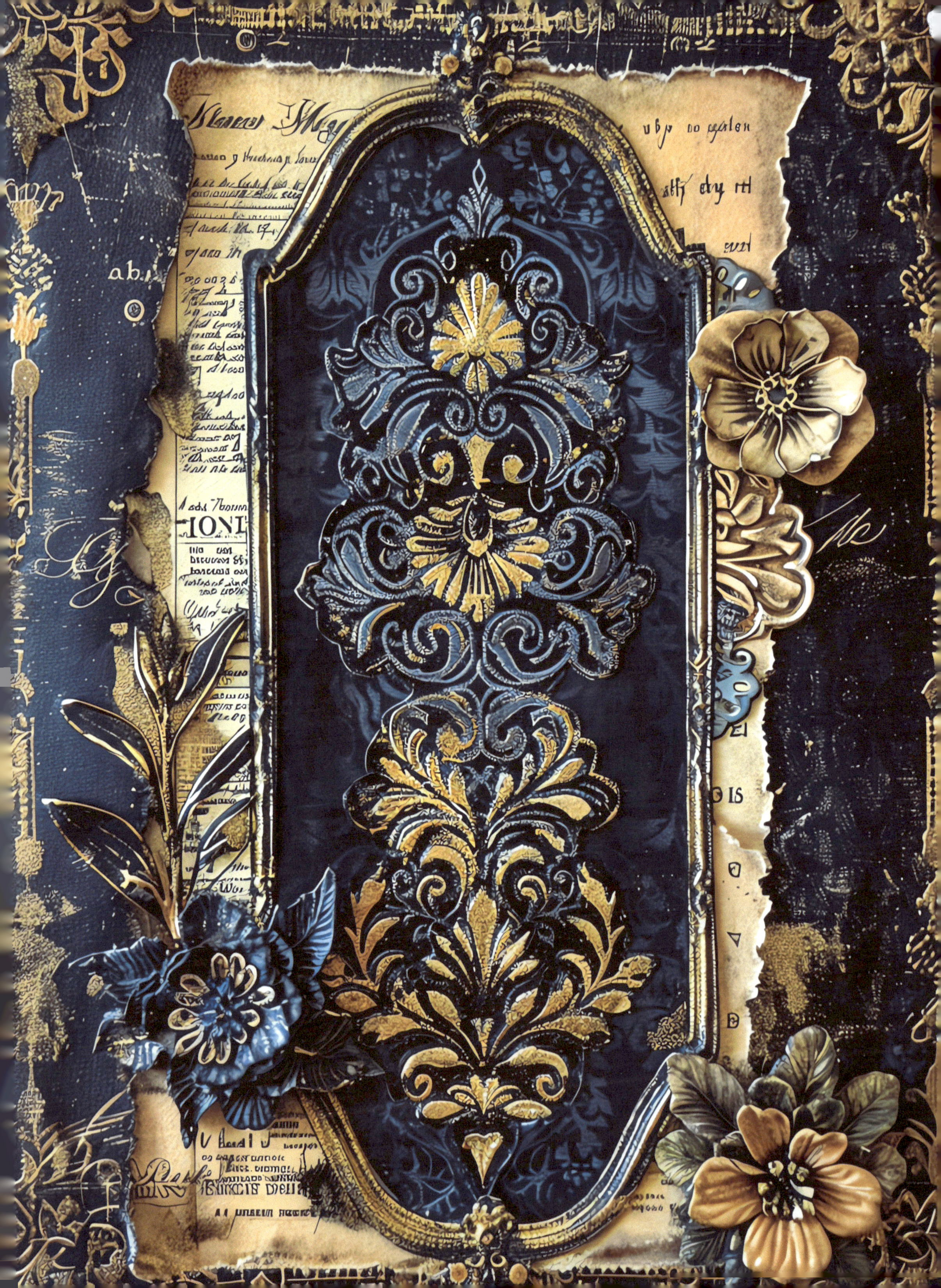

www.ingramcontent.com/pod-product-compliance
Lightning Source LLC
Chambersburg PA
CBHW040442220526
45473CB00004B/1497
9798301228650